일상에서
철학하기

101 EXPÉRIENCES DE PHILOSOPHIE QUOTIDIENNE
by Roger-Pol Droit

일상에서
철학
하기

101 EXPÉRIENCES DE PHILOSOPHIE QUOTIDIENNE

**낯익은 세상을
낯설게 바꾸는
101가지 철학 체험**

로제 폴 드르와 지음 | 박언주 옮김

시공사

《일상에서 철학하기》는 소크라테스를 떠올리게 한다. 소크라테스는 늘 상식을 뒤집으며 대화 상대방을 불편하게 했다. 이 책도 다르지 않다. 목차를 훑는 순간, 독자의 마음은 꼬여버릴지 모르겠다. 천까지 숫자를 세어보라고? 동물이 되는 상상을 해보라고? 뭐 이런 쓸데없고 엉뚱한 짓이 다 있단 말인가?

하지만 꾹 참고 '체험'해보라. 실제로 천까지 숫자를 세는 일은 절대 쉬운 일이 아니다. 어디까지 세었는지 자꾸만 헷갈리는 탓이다. '천'은 생각보다 어마어마한 숫자다. 그럼에도 우리는 수십만, 수천만이라는 숫자들을 얼마나 하찮게 여기며 살아왔던가! 동물이 되는 상상도 다르지 않다. 고양이나 개가 된 '나'는 쉽게 떠오를지 모르겠다. 그러나 뱀이 된 '나'는 어떤가? 육식 박테리아가 된 '나'는? 이건 결코 공감하기가 쉽지 않다. 아마 나의 공감의 폭이 얼마나 좁은지 절절하게 다가올 것이다.

　책이 권하는 철학 체험들은 엉뚱하지만 의미 깊다. 삶이 고루하고 지겹다면, 혹은 창의적인 발상이 필요한 때라면 이 책을 읽으며 여러 생각들을 곱씹어볼 일이다.

— 안광복 (중동고 철학교사, 철학박사, 《키워드 인문학》 저자)

엉뚱하고 황당한
'철학' 놀이를 만나다

　이 책은 심심할 때 가볍게 뒤적여볼 수 있는 책이다. 핵심을 지적하는 방식이 부담 없고 편안하기 때문이다. 파스칼의 생각과는 반대로, 우리는 우리의 모든 집중력과 에너지를 요구하는 '심각한 문제들'과 아무런 집중력도 에너지도 요구하지 않는 쓸데없고 '하찮은 문제들'을 굳이 대립시킬 필요는 없다. 사소한 것이 생각의 실마리를 던져주기도 하고, 하찮은 것이 진지함으로 귀결되기도 하고, 심오한 것이 피상적인 것에서 비롯하기도 한다. 물론 늘 그렇다거나 반드시 그렇다는 말은 아니다. 누구나 저지르는 멍청한 짓거리 속에 언제나 빛나는 철학이 담겨 있는 법은 없기 때문이다.

　그런데 지극히 평범한 것들, 일상 행위들, 우리가 밤낮으로 저지르는 그 숱한 행위들로부터 출발한 것이 우리에게 의외의 놀라움을 안겨주고 이 놀라움으로부터 철학이 탄생하는 경우가 있다. 철학이라는 것이 순수이론이 아니라는 사실을 인정한다면, 삶에 대한 독특한 입장들이 철학의 근원이 된다는 사실을 인정한다면, 그리고 철학이 감정, 인식, 이미지, 믿음, 권력, 이념 등을 상대로 벌이는 철학자들의 엉뚱한 모험에서 출발한다는 사실을 인정한다면 한 번쯤 겪어볼 만한, 삶의 활력소가 될 수 있는 일련의 체험들을 상상해내기란 그리 어려운 일이 아니다.

이 놀이의 핵심은 일상의 사소한 계기들을 들추어내고 촉발시키는 데 있다. 뭔가 행동할 수 있는 단초, 말의 실마리, 상상의 계기들을 새롭게 고안해내어, 철학을 탄생시키는 놀라운 결과들을 실제로 느껴보게 하고, 하나의 의문에서 비롯하는 정신적 혼란을 인식하게 만드는 것이다. 무엇보다 중요한 것은, 기폭제가 될 수 있는 극히 사소한 사건이나 미세한 충동을 만들어내는 것이다. 이런 사건이나 충동은 우리 주변에서 흔히 찾아볼 수 있고, 놀면서도 발견할 수 있는 것들이다.

이 책에서 기술한 철학 놀이는 하나도 빠짐없이 모두 실천해보아야 한다. 이 놀이들을 서로 비교할 수도 있고, 변형시킬 수도 있으며, 이로부터 또 다른 놀이를 고안해낼 수도 있다. 하지만 가장 중요한 것은 반드시 '몸소' 실천해야 한다는 것이고, 그러다 보면 흔히 자명한 것으로 받아들여졌던 이치와의 괴리감을 느끼게 될 것이다. 이 땅에 철학자들이 존재한 이후로 지금까지 늘 논란의 대상이 되고 있는 문제가 바로 이것이다. 즉 약간 비틀어서 보고 한발 비켜서서 바라보는 등 처음에는 지극히 좁은 시야였지만 결국에는 완전히 다른 각도에서 세상을 바라보게 하는 시각의 변화라는 문제 말이다.

이 심심풀이 놀이에서 얻을 수 있는 유익함은 이러한 시각의 변화를 유도하는 계기들을 친히 마련해준다는 데 있다. 이러한 동기들은 엉뚱하기도 하고 황당하기도 하다. 하지만 이 모든 동기들이 노리는 바는 우리가 믿어 의심치 않던 자명한 이치, 가령 우리의 정체성, 우주의 영속성, 혹은 낱말의 의미 따위를 송두리째 흔들어놓는 것이다. 이 심심풀이 놀이에 일단 발을 들여놓고 나면 그것이 저마다 어떤 방식으로 진행될지 예측할 수는 없으며 모든 사람은 저마다 다른 결론에 다다르게 될 것이다. 이는 무척 바람직한 일이다. 사실 이 놀이에 뛰어들었다는 것만으로도 의의는 충분하다.

물론 이런 체험들은 몇 가지 전제와 확신에 근거한다. 특히 '나'는 언제든지 다른 누구일 수 있고, 이 세계는 하나의 꿈에 지나지 않을 수도 있고, 시간은 신기루일 수 있고, 언어는 언어로 표현될 수 없는 것을 가까스로 덮고 있는 껍데기일 수 있고, 깍듯한 예절은

냉혹한 이빨을 잠시 감추고 있는 것일 수 있고, 쾌락은 하나의 윤리일 수 있고, 애정은 유일한 미래일 수 있다는 가능성을 전제하고 있다. 모두가 이런 전제와 확신에 동의해야 하는 것은 아니다. 다만 중요한 것은 이 철학 체험들을 계속 실행하도록 부추기는 일이다.

요컨대, 이 심심풀이 책의 의도는 다음과 같은 짤막한 대화로 설명할 수 있을 것이다.

"결국 어쩌자는 겁니까?"

"당신이 하고 싶은 대로!"

차
례

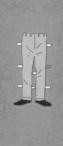

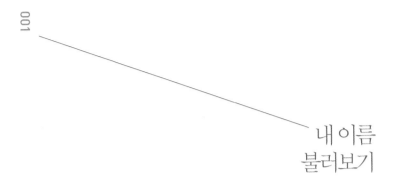

001

내 이름
불러보기

소요시간 **20분** / 도구 **조용한 방** / 효과 **분신**

아무도 없는 조용한 방에 들어가 한가운데에 자리를 잡고 앉아라. 가구가 없는 텅 빈 방이면 더 좋다. 잠시 후에 당신이 말을 하고 다시 그 말을 듣게 될 것이라는 점을 염두에 둔 채, 처음 얼마 동안은 방 안의 고요함에 집중하라. 주변의 미세한 소음에 귀 기울이면서, 좀 있으면 이 평화가 깨질 것이라고 생각하라. 느닷없이 말이 끼어들게 될 테니 그 상황에 대비해 마음의 준비를 하라.

이제 큰 소리로 당신 이름을 불러보라. 또박또박 분명한 발음으로, 반복해서 부르고 또 불러보라. 저 멀리에 있는 누군가가 당신이 부르는 소리를 못 듣고 있다고 상상하라. 당신을 알고 있지만, 당신이 근처에 있음을 알아차리지 못하는 누군가를 부르고 있다고 상상하라. 마치 저 멀리 들판을 향해, 혹은 강물 위에 떠 있는 배를 향해, 혹은 이웃집을 향해 누군가를 부르듯이 말이다.

처음 열대여섯 번에서 스무 번쯤은 허공에 대고 말하는 듯한 느낌이 들 것이다. 당신은 지금 존재하지도 않고 다가갈 수도 없는 누군가를 부르고 있다. 어처구니가 없고 웃기는 짓이다. 말끝을 아무리 길게 늘여봐도, 각 음절을 아무리 다양한 톤으로 발음해봐도 도무지 믿기지가 않는 상황이다. 그래도 계속 불러라. 방문은 굳게 잠겨 있는데 무슨 걱정인가!

이제 서서히 누군가가 당신을 부르는 듯한 느낌이 들기 시작할 것이다. 처음에는 소리도 잘 들리지 않고 정말로 누가 부르는 것은 아닌지에 대한 확신도 없다. 바로 그 상태를 놓치지 말아야 한다. 그 상태에 빠져들어 안과 밖의 불안정한 균형에 집중하라. 계속 반복해서 당신의 이름을 부르고 또 불러라. 녹음기를 틀어놓은 것처럼 기계적으로 수십 번 더 되풀이해서 불러보라. 이것은 당신의 목소리이다. 그리고 동시에 저기 어딘가에 있는 다른 누군가의 목소리이기도 하다. 당신은 이제야 그 사실을 알아차렸다.

당신의 목소리가 둘이 된 것도, 당신이 둘이 된 것도 아니다. 그런데도 당신 안이 둘로 쪼개진 것처럼 당신은 자신을 둘이라고 느낀다. 당신 이름을 부르는 자는 분명 당신인데, 당신은 그 목소리의 진짜 주인공이 누군지 모른다. 그러나 좀 더 정확히 말하면, 당신은 당신이 그 둘 다인 것을 너무나 당연한 사실로 받아들이고 있고, 그 '두 개의 당신'이 결국은 하나라고 생각한다. 물론 당신도 그걸 알고 있고, 다른 사람들도 모두 그렇게 생각한다.

하지만 그게 아니다. 지금 당신이 느끼는 것은 그게 아니다. 당신은 '당신' + '당신'이 결국은 하나의 당신이라는 사실을 잘 알고 있지만, 지금 이 순간부터는 이전처럼 한 치의 의혹도 없이 그것을 백 퍼센트 확신할 수는 없게 된다. 이름을 부르는 자와 불리는 자는 동일인인 동시에 동일인이 아니기 때문이다.

이 체험의 요점은 이 '안-밖 놀이', '부르기-듣기 놀이'를 얼마나 오래 지속하느냐에 있다. 당신은 자신의 이름을 익히 알고 있지만 스스로를 타인으로 느끼지 않고서는 자신에게 그 이름을 사용할 수 없다. 즉 이러한 속성을 지닌 이름의 기이함을 가능한 한 오랫동안 실감하는 것이 중요하다. 물론 평소에 당신의 이름을 부르는 자들은 다른 사람들이고, 당신 스스로는 자기 이름을 거의 부르지 않는다. 일정한 시간 차를 두고, 당신 이름을 계속 불러보라. 가끔은 절규하듯이 외쳐보라. 그 이름이 유발하는 거북함을 살짝 느껴보는 것이 목적이다. 꼭 불쾌하지만은 않은 이 거북함은 자기 자신에 대한 괴리감을 동반한다. 이 미묘한 현기증 속에 잠시 머물러보라.

이제 이 상황에서 어떻게 빠져나올 것인가? 어떻게 그 괴리감을 없애고 두 개로 분리된 나를 다시 하나로 합칠 것인가?

방법은 간단하다. 크고 힘찬 목소리로, 가능한 한 아주 자연스럽게, 이렇게 말하면 된다.

"알았어, 금방 나갈게!"

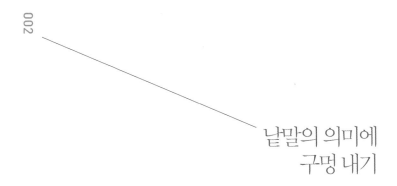

002

낱말의 의미에
구멍 내기

소요시간 **약 2~3분** / 도구 **손에 잡히는 물건 아무거나** / 효과 **탈상징**

이번 체험은 장소나 시간의 구애 없이, 언제 어디서나 가능하다. 이번에도 다른 사람들이 당신의 목소리를 들을 수 없다는 확신만 있으면 된다. 남들이 비웃지 않을까 하는 걱정 때문에 중간에 문제가 생기면 안 되기 때문이다. 사실, 혼잣말을 하는 것은 별로 대수로운 일이 아니다. 하지만 누군가 훔쳐보는 것을 의식하거나 이상한 사람 취급을 받게 되면 기대했던 결과에 차질이 생길 수도 있다.

그러니까 아무도 당신 목소리를 들을 수 없는 곳이어야 한다. 이제 눈앞에 있는 물건을 집어보라. 가령 연필, 손목시계, 유리컵 같은 것들 말이다. 아니면 당신 옷의 한 부분, 단추, 허리띠, 호주머니, 구두끈 등 아무거나 상관없다. 당신에게 친숙할 뿐만 아니라 연필, 시계 등의 이름으로 불리는 것이 이상할 것 없이 너무도 당연한 일인, 그저 흔한 물건이면 된다. 당신은 오래전부터 이 물건을 똑같은 단어를 사용하여 부르고 있다. 그래서 이 단어는 다른 것으로 바꿀 수 없다. 자연스럽고 당연하다.

이제 아무 생각 없고, 낯설지도 않고, 위험하지도 않은 이 조그만 물건을 한번 집어보라. 그리고 그것을 주시하면서 조그만 소리로 그 이름을 반복해서 불러보라. 예를 들어, 손가락 사이의 연필을 뚫어지게 바라보며 계속해서 불러보라. "연필", "연필", "연필", "연필", "연필", "연필", "연필", "연필", "연필", "연필". 몇 번이고 더 불러도 좋다. 하지만 생각보다 오래 지속하지는 못할 것이다. 어느 순간 이 친숙하던 낱말이 사물로부터 분리되어 사라져버리기 때문이다. 그리고 그것을 알아차렸을 때 당신은 그저 이상한 소리를 지겹도록 반복하고 있을 뿐이다. 이제 이 어색하고 무의미한 소리들은 아무것도 가리키지 못한 채, 기이하고 애매하고 거친 소음으로만 남아 있다.

어렸을 때 이런 놀이를 해봤을 수도 있다. 그런 놀이를 통해서, 대부분의 사람들은 낱말과 사물을 이어주는 끈이 생각보다 너무 허약하다는 것을 느끼게 된다. 조금이라도 뒤틀거나 잡아당기거나 혹은 느슨하게 하면 그 끈은 이전에 가졌던 분명함과 단순함을 금세 잃어버리고, 배배 꼬이거나 끊어져버리고 만다. 그렇게 되면 그 사물을 가리키는 용어는 완전히 말라서 부스러진다. 산산이 조각나 아무 소리도 들리지 않는 조개껍질처럼 말이다.

그 사물에는 훨씬 더 놀라운 현상이 벌어진다. 사물의 물질성은 더욱 무거워지고 더욱 압축되어, 사람의 기운이 전혀 닿지 않은 날것 그대로의 실체를 적나라하게 드러낸다. 사물은 이제껏 우리가 생각하던 것 이상의 다른 어떤 것으로 변한다. 일상용어라는 그 가느다란 그물 밖으로 빠져나가자마자 뭐라 형용할 수 없는 낯선 존재로 순식간에 변해버리는 것이다.

오래전부터 내려온 이 '낱말과 사물의 분리' 놀이는 끊임없이 계속되어야 한다. 사물에서 의미가 빠져나가는 것, 즉 말 밖으로 불쑥 튀어나오는 현실의 실체를 주시하려고 노력하라. 매끈한 언어 속에 숨어 있는 거친 실체를 들여다보려고 노력하라. 하나의 사물을 지칭하기 위해 같은 낱말을 여러 번 반복하다 보면 의미라는 것이 몽땅 사라져버린다. 정말 놀랍고 소름끼치도록 재미난 일이 아닌가?

사물의 이름을 말할 수 있다고 자만하는 우리를 살짝 덮고 있는 얇은 막. 그 막에 구멍을 내는 일은 단 몇 분이면 충분하다!

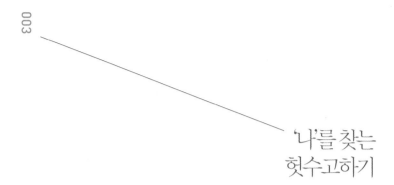

003

'나'를 찾는
헛수고하기

소요시간 **미정** / 도구 **없음** / 효과 **해체**

'나'는 사람들이 가장 많이 사용하는 말 중 하나다. 하루에 당신이 말하는 문장들 속에 거의 빠짐없이 등장하는 말이 바로 '나'일 것이다. 어릴 때 이후로, 당신은 스스로를 이름으로 부르지 않는다. 당신은 이 '나'를 통해 당신의 욕망, 당신의 실망, 당신의 계획, 당신의 기대, 당신의 숱한 행위들, 당신의 감각, 당신의 질병, 당신의 즐거움, 당신의 인생 설계, 당신의 원한, 당신의 애정, 심지어 당신이 바닐라 향은 좋아하지만 미나리 향은 싫어한다는 것까지 표현한다.

당신은 아주 오래전부터 이 짤막한 단어를 당신의 그 숱한 심리 상태와 연결 지어왔다. '나'라는 말은 당신의 감정과 추억에 밀접하게 얽혀 있다. 이 말 없이는 아무것도 못 할 것처럼 느껴지기도 한다. '나'는 당신이 들려주는 이야기와 당신이 내리는 판단 속에도 등장한다. 아무리 사소한 결정도, 아무리 시시한 추억도 이 '나' 없이는 불가능한 일이다.

한편, 세상 사람들이 모두 똑같은 말을 쓰고 있는 이 현상은 참 희한한 일이라고 할 수 있다. 사람들이 각기 지닌 가장 고유한 내면과 가장 개인적인 삶이 그 내면과 삶의 주인이 직접 정하지도 만들어내지도 않은 단어 하나에, 심지어 모든 사람들이 똑같이 사용하는 대명사 하나에 얽매어 있는 것이다. 이 '개인적인' 대명사는 사실 가장 덜 개인적이다. 즉 가장 보편적이다. 언어학의 관점에서 보면, 1인칭 대명사 '나'가 지칭하는 대상은 당연히 늘 달라질 수 있다. '나는 만족해' 혹은 '나는 슬퍼'라고 말하는 사람은 누구나 '나'가 되는 것이다. 그러니까 모든 타인들과는 다른 각각의 개인이, 모든 타인들이 사용하는 단어로 자신을 지칭하는 것이다. 이건 정말 앞뒤가 안 맞는 상황이다. 하지만 누구나 그렇듯, 당신은 이런 사실을 한번도 생각해본 적이 없을 것이다. 할 일이 얼마나 많은데, 이따위의 문제로 골치를 썩이느냐는 말이다.

그럼에도 불구하고, 이 '나'가 어디에 있는지 한번 찾아보자. '나'는 존재할까? 어디에 존재하는지 어떻게 알 수 있을까? 무엇으로

'나'를 알아볼 수 있을까? 당신이 이런 의문들을 제기하고 열심히 답을 찾다 보면, '나'의 위치를 추적하고 '나'가 진짜 나인지 확인하는 일이 그리 간단치 않다는 것을 깨닫게 될 것이다.

이것은 어디까지 가야 할지 범위를 정하기 어렵다는 점에서 짧은 시간에 해볼 수 있는 체험은 아니다. 오히려 긴 시간을 요구하는 추적 작업에 가깝다. 시간도 걸리고, 다양한 기회도 필요하고, 끈기와 고집도 웬만큼 필요하다. 아무도 의심하지 않는, '나'라고 불리는 이 자명한 대상은 도대체 어디에 있는 걸까? 오랫동안 이곳저곳을 다른 각도에서 뒤져보라. 당신은 그런 추적에도 불구하고 아무런 성과도 거두지 못할 가능성이 아주 크다. 상황이 흥미로워지기 시작하는 것은 바로 그때부터다.

당신이 추적해볼 수 있는 여러 단서들 중에서 육체의 존재를 먼저 떠올려보는 것이 좋다. 단 하나밖에 없으면서도 다른 '나'들과 유사한 '나'는 바로 이 몸이 아닐까? 즉 이 몸에 익은 습관들과 허약한 구석들, 그 특수성들이 아닐까? 그러나 당신은 당신 몸에서 결코 '나'를 찾아내지 못할 것이다. 당신 몸속 세포 중에서 10년이 넘는 기간 동안 살아 있는 것은 아무것도 없다. 당신 몸의 그 어떤 부분도 예전과 결코 똑같지 않다. 당신은 이 몸의 어느 측면을 '나'라고 부를 것인가? 생김새? 전체 구조?

좀 진부하긴 하지만, 결국 남는 건 당신의 '생각'이다. 다른 건 다 바뀌어도 당신의 기억은 변하지 않는다. 그리고 숱한 변화에도 불구하고 '나는 여전히 똑같은 나'라고 생각하는 당신의 의식은 변하지 않는다. 하지만 여기서도 당신은 '나'를 발견하지 못할 것이다. 당신이 발견하게 되는 것은, 당신이 '나'라고 부르는 것의 지배를 받는 수많은 생각과 이미지, 추억, 여러 생각의 조합 그리고 욕망뿐이기 때문이다.

'나'는 이러한 모든 감각과 모든 정신 현상들의 공통분모인 것 같다. 하지만 그 모든 것을 떠받치는 지주나 원동력은 아니다. 단지 그것들은 비슷하게 닮은 식구들에 불과하다. 이를테면 비슷한 색깔이나 비슷한 향기처럼 천차만별인 생각과 감각의 한 가지 공통점 같은 것 말이다. 겉으로 드러나는 어떤 스타일일 수도 있다. 그 이상도 이하도 아니다. '나'는 물건도 아니고 어떤 누군가도 아니다. 그렇다고 해서 그저 하나의 단어인 것도 아니다. 그것은 분명 늘 되풀이되는 어떤 말이나 생각, 어떤 습관, 부차적이고 상대적인 어떤 특징일 것이다.

만약 여기까지 체험했다면, 그다음 과정도 알아야 한다. 정확한 '나'를 절대 찾아낼 수 없다는 이 뜻밖의 결과가 당신의 삶에 어떤 영향을 미칠까? '나'가 부재하는 이 상황에서 어떻게 벗어날 수 있을까? 이것은 이제까지와는 또 다른 문제다.

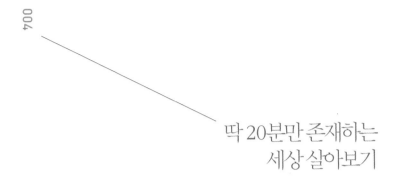

딱 20분만 존재하는
세상 살아보기

소요시간 **21분** / 도구 **세계와 시계** / 효과 **두려움 혹은 안도감**

과거는 변하지 않는다. 과거는 아주 사소한 몸짓들 속에도 존재하며, 우리의 생각을 감싸고 있다. 즉 과거 따위엔 전혀 신경 안 쓰는 듯 보이는 생각 속에도 과거는 자기 자리를 분명하게 고수한다. 미래 역시 그러하다. 아무리 하찮은 계획이나, 눈곱만 한 예상 속에도 미래는 어떤 식으로든 개입되기 마련이다.

물론 그럴 수는 없겠지만 그저 장난삼아 과거와 미래라는 이 무시무시한 구속을 떨쳐버리려 한다면, 무슨 일이 벌어질까? 그러니까 가능한 범위 내에서 과거는 있었던 적도 없고 미래 또한 존재하지 않는다고 상상해보자. 세상이, 지금 그대로의 모습으로, 딱

20분 동안만 지속된다고 생각해보는 것이다. 즉 우리를 포함한 이 세계는 방금 전 순식간에 지금의 모습으로 만들어졌다. 불과 1분 전만 해도 이 세계는 존재하지 않았다. 현재 이 세계 속의 모든 것, 이를테면 고대의 유적과 폐허, 도서관, 건축물, 사료, 최근의 혹은 오래된 추억들 따위가 지금 막 한꺼번에 출현한 것이다. 오래된 사료도 또렷이 남아 있고, 증인들도 살아 있다. 그런데 이 사료와 증인들이 들려주는 과거는 지금 막 존재하기 시작했고 그 외의 과거란 없다.

각양각색의 변화무쌍하고 부한한 이 세계에 주어진 수명은 정확하게 앞으로 20분이다. 20분 후면, 이 세계 전체는 흔적도 없이 몽땅 사라질 것이다. 빅뱅도 우주폭발도 아니다. 어마어마한 화염이나 거대한 불가마도 없다. 그저 순식간에 사라질 뿐이다. 비누거품이 뽀그르르 사그라지듯, 등불이 획 하고 꺼져버리듯 말이다.

이제 이 20분밖에 안 남은 세계 속으로 들어가 앉아보라. 그 세계가 지금 우리 세계와 어느 정도로 똑같은지 확인해보라. 크기도 똑같고, 하늘도 똑같다. 다른 것은 아무것도 없다. 똑같은 사람들이 똑같이 움직이고 있다. 하지만 자세히 살펴보면, 절대 똑같은 세상이 아니다.

진짜 과거가 지닌 깊이도 없고 미래에 대한 전망도 없는 이 20분짜리 세계는 겉으로는 지금의 우리 세계와 100퍼센트 똑같아 보이지만 근본적으로 확실히 다르다. 왜냐하면 바로 이 시간적 제약 때문이다. 이 시한부 세계가 완전히 사라지기 전에, 과거에 다른 현실이 존재했고 앞으로도 그러할 것이라는 환상을 갖고 있는 당신이 생각하는 세계와 이 20분짜리 세계가 얼마나 다른지 깨닫도록 노력해보라. 당신이 생각하는 세계와 그 시한부 세계 간의 거리와 차이를 실감하면 할수록, 당신은 우리 인간에게 아득한 과거와 미래의 전망이란 것이 얼마나 중요한지를 더욱 실감할 수 있을 것이다.

20분이라는 운명의 시간이 점점 가까워질수록 당신은 정말로 모든 것이 사라질 수도 있다는 두려움 비슷한 감정을 어렴풋이 느끼게 될 것이다. 그러나 아마 그런 일은 없을 것이다. 그래서 21분이 되었을 때, 당신은 이 근거 없는 공포로부터 시원하게 벗어날 수 있을 것이다. 그 순간 당신은 이 세상이 아무 일 없이 지속되고 있다는 사실에 대한 안도감을 애써 만끽하려 할 것이다.

그러고 나면 당신은 아마 모든 게 멀쩡하다는 사실에 은근히 실망하며 약간은 씁쓸해할지도 모른다.

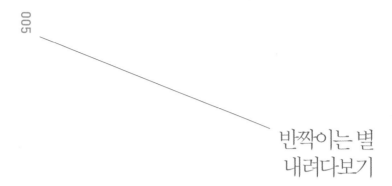

반짝이는 별
내려다보기

소요시간 **30~60분** / 도구 **별이 빛나는 밤하늘** / 효과 **우주에 대한 성찰**

여름밤이면 더 좋다. 구름 한 점 없는 밤하늘이어야 한다. 정원에서 맨땅에 드러누워 한 시간 정도 여유를 부릴 수 있는 상황이라면 금상첨화다.

당신은 이제 땅에 등을 대고 누워 밤하늘의 별을 바라본다. 별의 수는 변함이 없고, 기이할 정도도 광활한 우주의 신비가 새삼 느껴진다. 당신은 밤하늘이 주는 그 오묘함과 푸근함에 조금은 압도당하면서 동시에 편안함까지 느낄 수 있어야 한다.

이쯤 되면, 밤하늘에 관련된 온갖 미사여구들이 총출동한다. 우윳빛의 부드러운 밤하늘, 밤의 따뜻한 온기, 아스라이 반짝이는 영롱한 별빛 등등. 이런 뻔한 표현들이 딱 어울리는 풍경이다. 당신도 그런 상투적인 분위기 속에 적극적으로 몸에 내맡기고, 완전히 몰입해보라.

그러고는 때가 될 때까지 기다려라. 땅바닥과 한 몸이 된 듯한 느낌, 광활한 우주가 나를 으스러지도록 짓누르는 듯한 느낌, 무한한 천체를 올려다보며 한없이 작아지는 듯한 느낌이 들 때까지.

이번 체험은 우주를 거꾸로 뒤집어보는 것이다. 즉 당신이 올려다보고 있는 별들이 반대로 당신의 눈 아래에 있다고 생각해보는 것이다. 당신은 이제 별들을 위에서 내려다보고 있다. 어떤 알 수 없는 힘에 의해 이 위에 있는 땅에 꼭 들러붙은 채, 별들을 위에서 내려다보고 있는 것이다. 드넓은 하늘이 당신의 발밑에 펼쳐진다. 당신은 끝없는 추락의 위험을 무릅쓰고 깊고 깊은 별의 바다 위를 날고 있는 셈이다.

이 체험은 단번에 성공할 수 있는 것이 아니다. 따라서 충분한 적응시간과 흔들리지 않는 집중력을 가져야 한다. 이 과정은 3차원3D 영화를 보는 것과 비슷하다. 해독 불가능한 수많은 기호가 가득 들어찬 평평한 종이를 오랫동안 들여다보는 것과도 비슷하다. 참을성 있게 오래 들여다보고 있으면 어느 순간 갑자기 사방이 뒤집어지는, 바로 그 느낌이다.

이제 당신은 진짜로 모든 세상이 당신 아래에 있다고 느낀다.

천천히 이 위의 땅에서 떨어져 나와 허공 속을 떠돌다 마침내 저 아래 하늘에 발을 딛기 위해서는 딱히 특별한 것이 필요하지 않다. 그저 지나가는 미풍, 인력의 순간적 정지, 한순간의 한눈팔기 같은 것들이 필요할 뿐이다.

누웠던 자리에서 일어날 때에는 아주 천천히 움직이고, 조심스럽게 발을 내딛어라.

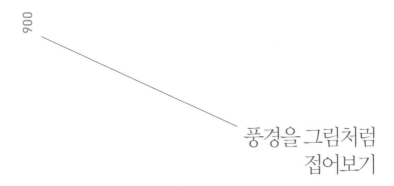

풍경을 그림처럼
접어보기

소요시간 **20~30분** / 도구 **한가로운 풍경** / 효과 **놀라움**

도시보다 바닷가나 시골이 더 낫다. 굴곡이 너무 심하지 않은 단순한 풍경, 좀 단조롭다 싶은 풍경이 좋다. 색깔과 형태의 대비가 거의 없는 무난한 풍경이면 더 좋겠다.

적당한 곳에 자리를 잡고 주위를 둘러보라. 너무 뚫어지게 쳐다보지는 말라. 뭔가를 찾아내려고도 하지 말라. 당신의 시선은 아무것도 뒤져선 안 되고, 아무 곳에도 머무르면 안 된다. 오히려 멀리서 전체적으로 대충 훑고 지나가야 한다. 마치 당신의 시선을 끄는 것이 하나도 없는 것처럼 말이다. 울퉁불퉁한 것도 전혀 없고, 시선을 붙잡는 어떤 형체도 전혀 없다. 그러다 보면 결국 모든 것이 똑같은 평면 위에, 입체감 없이, 밋밋하게 보이기 시작한다. 즉 캔버스 위의 그림이 되어버리는 것이다. 이렇게 되기까지는 시간이 꽤 걸릴 수도 있지만, 가끔은 아주 빨리 이루어지기도 한다. 모든 것은 당신의 기분과 풍경에 달려 있다.

전체 풍경을 이렇게 아무 사건도 벌어지지 않는 하나의 밋밋한 평면으로 받아들이게 될 때 비로소 진짜 체험이 시작된다. 움직이는 것이든 고정된 것이든, 하늘과 땅 사이의 눈에 보이는 모든 것이 평평하고 거대한 캔버스 위에 있다고 상상해보라. 또는 완벽한 해상도를 자랑하는 대형 평면TV의 화면을 보고 있다고 상상해보라.

이러한 경지에 이르면, 즉 당신 눈앞에 펼쳐진 모든 것이 한 폭의 알록달록한 풍경화에 불과해서 살아 움직이는 것은 하나도 없거나 옛날 영화의 한 장면을 보는 것 같은 느낌이 완벽해지면, 바로 그때 당신은 그 그림이 이제 곧 반으로 접히는 장면을 상상할 수 있게 된다. 그 넓은 풍경을 한꺼번에 담고 있는 이 대형 막이 아주 조금씩 접히면서 다른 것에 자리를 양보하는 것을 목격하게 될 것이다.

어느 쪽으로 접을까? 위쪽으로? 아래쪽으로? 모서리부터 접을까? 아니면 한쪽에서 직각으로? 그건 당신 마음대로다.

이 체험의 궁극적 목표는 접히는 세상이 얼마든지 존재할 수 있다는 것을 실감하는 데 있다. 그 보이지 않는 이면의 세상을 깨달았을 때 당신은 가벼운 두려움 속에 머물러 있어야 한다. 그렇다고 그 세상을 꼭 끝없는 어둠이나 불구덩이, 헤어나오기 힘든 수렁 같은 것으로 상상할 필요는 없다. 그런 건 전혀 없으니까 말이다. 중요한 것은, 이 세계란 것이 추락과 회피, 불확실성 앞에 맥없이 노출되어 있다는 사실을 깨닫는 것이다. 풍경을 바로 눈앞에 두고 이런 가벼운 혼란을 느껴보는 것이 핵심이다.

막이 오르기 전, 당신은 몇 분간의 막간을 미리 예고함으로써 이 체험에서 빠져나올 수 있다. 하지만 이제 당신은 그런 식의 얼버무림으로는 방금 전 느낀 혼란에서 완전히 벗어날 수는 없을 것이다. 예전과는 달리, 지금부터는 이런 식의 풍경-그림이 당신의 의지와 상관없이 언제든지 펼쳐질 수 있다는 것을 당신은 알게 되었다. 우리 눈앞의 현실은 이미 예전의 가치를 어느 정도 잃어버렸고, 확실하게 느껴졌던 세상은 여기저기 허물어질 수도 있는 세상으로 변해버렸다.

언제 어디서 무슨 일이 닥칠지 모르는 것이 바로 이 세상이다.

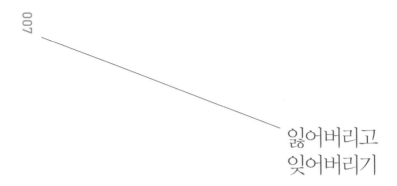

007

잃어버리고
잊어버리기

소요시간 **예측 불가** / 도구 **아무거나** / 효과 **불안**

우리는 매사에 준비라는 걸 하며 산다. 하지만 뭔가를 잃어버리거나 잊어버리는 것은 미리 준비할 수 있는 게 절대 아니다. 따라서 이번 체험은 미리 준비해서 할 수 있는 것이 아니다. 두 가지 필수 조건이 우연히 맞아떨어져야 가능한 일이다.

우선 사소한 것이든 중요한 것이든 뭔가를 잃어버렸고, 그 분실 사실을 알고는 있지만 잃어버린 것이 무엇인지는 기억이 나지 않는 상태여야 한다. 물론 이런 경우는 매우 드물게 찾아오겠지만 어쨌든 당신은 이중의 분실, 즉 물건과 기억을 동시에 잃어버린 주인공이 되어야 한다.

일용품 중 하나, 혹은 다른 사람이 당신에게 맡겨놓은 물건, 아니면 당신이 책임져야 하는 서류 등등 잃어버린 것이 무엇인지는 중요하지 않다. 중요한 건 당신이 분실 사실은 알고 있지만, 정작 그 분실물이 무엇인지는 기억하지 못한다는 것이다.

처음 얼마 동안은 일상의 어느 한구석이 허전하다는 막연한 느낌만 들 뿐 잃어버린 물건을 구체적으로 떠올리거나 확인할 방법은 없다. 뭔가 만회할 수 없는 큰 실수를 저질렀다는 느낌, 뭔가를 잃어버리긴 했는데 그것이 도대체 무엇인지 특정할 수 없다는 이중의 불안감. 이것이 바로 당신이 직면해야 하는 상황이다.

당신은 이런 일이 일어날 거라고 기대하는 것 자체가 말이 안 되는 일이라고 불평할 수도 있다. 물론 이런 일이 일어날 가능성은 매우 희박하기 때문에 당신은 상황이 불쑥 나타나기를 기다리면서 항상 마음의 준비를 해두어야 한다. 그런데 의외로 이런 일은 생각보다 훨씬 빈번하게 나타날 수도 있다. 보통은 자기 자신에게 가면을 씌우는 순간들인데, 대부분의 사람들은 그런 순간들을 얼렁뚱땅 넘긴다. 그것은 마치 햇살이 비칠 때 보이는 공중의 작은 알갱이들처럼 사소한 일상의 반짝이는 먼지 속으로 사라져버리는 것이다.

여기서 중요한 것은, 그런 순간들을 놓치지 않고 기다렸다가 거기에 주목하는 것이다. 당신이 운 좋게도 그런 흔치 않은 순간을 맞닥뜨렸을 때 그 순간 느껴지는 낯선 기분을 제대로 경험해보는 것이 이 체험의 요점이다. 그때 느끼는 감정은 아쉬움은 아니다. 아쉬워하는 대상의 실체가 없기 때문이다. 부끄러움도 아니고, 납득하기 힘들고 애매한 거북함도 아니다. 그보다 훨씬 더 희미하고 훨씬 더 절실한 느낌이다. 당신은 망각을 망각했고, 망각이 일어났다는 사실을 '어렴풋이' 알고 있다. 그런데 어렴풋이 안다는 건 뭘까? 그런 게 존재하는 걸까? 그걸 뭐라고 불러야 할까? 시점에 대한 이런 삐딱한 시선은 어떻게 가능한 걸까? 마치 남이 자기를 쳐다보듯 바깥에서, 빗나간 각도에서 곁눈질로, 흐릿하게 자기 자신을 바라보는 것과도 같다.

이제 당신은 실체가 무엇인지 모르지만 느닷없이 모습을 드러낸, 돌이킬 수 없는 과실이 유발하는 막연한 불안감에 휩싸이게 되었다. 더 자세히 알고 싶다면, 강박관념이나 신비주의에 관한 책들을 읽어볼 것!

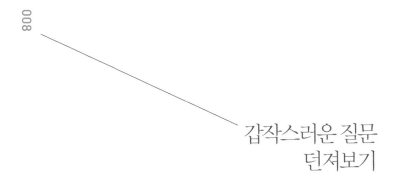

008

갑작스러운 질문
던져보기

소요시간 **대중 없음** / 도구 **없음** / 효과 **일시중지**

과로에 시달리는 사람들을 위한 체험이다. 손가락 까딱할 힘도 없는 여행객들, 스트레스를 달고 사는 영업사원들, 엄청난 부담감에 시달리는 각종 책임자들, 할 일이 너무 많은 사람들에게 딱 맞는 체험이다.

일과가 꽤 진행된 상황이 좋다. 정신없이 바쁜 날도 괜찮다. 아니면 과중한 업무와 잦은 이동, 번잡스럽게 이어지는 하루하루 중 어느 하루여도 좋다. 요컨대, 이번 체험을 제대로 수행하려면 피로가 누적되어 어느 정도 탈진 상태에 있는 것이 좋다. 이제 더는 못 해먹겠다고 느끼기 시작하는 어느 한순간을 선택하라. 당신은 더 이상

업무를 따라갈 수 없다. 과부하가 걸려버려서 시도 때도 없이 발생하는 변수들과 그 많은 자료들을 모두 감당하기란 너무 어려운 일이다. 이래서야 제대로 일을 할 수 있을까, 의심이 들 정도로 긴장과 피로와 신경질이 극에 달한 순간, 이번 체험은 쉽게 이루어질 수 있다.

제일 먼저 자신에게 이렇게 물어보라. "내가 오늘 아침에 어디 있었더라?" 이와 비슷한 다른 질문들도 괜찮다. "오늘 내 귀에 처음 들린 문장이 뭐였더라?" "오늘 첫 번째 약속은 뭐였더라?" "어젯밤 누구랑 있었더라?" 기타 등등. 생활패턴에 따라 질문은 다양해질 수 있다.

아마 대부분의 사람들은 조금의 망설임도 없이 이런 질문에 대답할 수 있을 것이다. 아침에 어디에서 눈을 떴는지 금방 기억해내고, 아침에 뭘 먹었고, 무슨 말을 했고, 무엇을 읽었고, 무슨 말을 들었고, 누구를 만났는지 죄다 기억할 것이다. 어쩔 수 없이 되풀이되는 생활, 단조로운 시간들, 그날이 그날인 뻔한 일상 속에서 살아가는 사람들에게, 이런 질문은 전혀 관심사가 될 수 없다. 오늘도 여느 날과 다를 것 없는 하루였기 때문에 금방 대답할 수 있는 것이다. 똑같은 사무실, 똑같은 매장, 똑같은 농장, 똑같은 공장. 변한 건 하나도 없으니 말이다.

하지만 다른 부류의 사람들, 가령 외근을 주로 하는 사람들이나 과로로 뚜껑 열리기 직전의 사람들, 여기저기 발바닥에 땀나게 뛰어다니는 사람들의 경우는 다르다. 이들에게는 생활의 맥락을 다시 연결시키는 것이 늘 쉽지는 않다. 회의와 이동, 결정할 안건들이 정신없이 이어지는 상황에서는 몇 시간 전에 뭘 했는지 기억하기란 아주 어려운 일일 수 있다. 기억상실이나 기억력의 문제가 아니다. 얼른 대답하지 못하고 주저하는 것, 즉 망설임에 대해 말하고 있는 것이다.

이 망설임의 순간을 경험해보라. 몇 초가 될 수도 있고 몇 분이 될 수도 있다. 당신 자신의 생활인데도 불과 몇 시간 전의 일을 기억하지 못하고 멈칫한다. 당신은 당신이 어딘가에 가 있었다는 사실은 잘 알고 있다. 그리고 당신 몸이 그걸 기억한다고 믿고 금방 대답할 수 있으리라 생각한다. 그런데 그게 시간이 걸린다.

생각은 이어지지 않고, 당신은 당신 자신과 당신의 시간으로부터 이만큼 떨어져 있다. 아까도 분명 당신이었고, 이런 순간이 있었고, 이런 문장을 들었고, 아침에 그렇게 눈을 떴다는 것도 알고 있다. 그런데도 적어도 지금 이 순간, 아무것도 생각나지 않는다. 당신은 지금 이 순간의 한가운데가 아닌 가장자리로 밀려나 있고, 과거에는 구멍이 뚫렸다. 그것이 당신을 불안하게 한다. 연속성이란 하나의 믿음에서 출발하기 때문이다. 그건 분명하다.

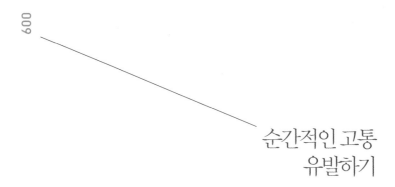

009

순간적인 고통
유발하기

소요시간 **몇 초** / 도구 **없음** / 효과 **현실로의 귀환**

지루한 상황은 참 많다. 공연은 도대체 끝날 생각을 안 한다. 혹은
수업이 너무 재미없다. 아니면 기다리는 전화가 오지 않는다. 뭔가
해야 할 것 같은데 뭘 해야 하지 몰라 망설이고 있다. 이런 상황이
계속되다 보면 세상이 온통 안갯속인 것 같고 내 속이 텅 비어가
는 듯한 느낌이 든다. 마치 당신의 실체가 뚜렷한 윤곽을 잃어버리
고 주변으로 스멀스멀 퍼져나가기 시작하는 것처럼 말이다. 심지어
당신이 뿌연 안개처럼 둥둥 흩어지는 것 같을 수도 있다. 이쯤 되면,
당신은 자신이 누구인지 정확하게 알 수 없고, 어디에 있는지도 알아
차릴 수 없게 된다. 지루함이 당신을 해체하기 시작한 것이다.

꼬집어보라. 세게, 지독하게 꼬집어라. 팔뚝 안쪽이나 목, 겨드랑이처럼 유난히 아픈 부위를 세게 꼬집어라. 순간이지만 굉장히 아파야 한다. 애써 참으면 참을 수도 있겠지만, 악 소리가 날 정도여야 한다. 미처 방어할 틈도 없이 잽싸게 해야 한다. 고통을 예상하거나 고통에 대비할 시간도 주지 말라. 순식간이어야 한다. 말하자면 당신 자신을 급습하는 것이다. 가능하면 당신이 둘로 나누어지게 하고, 당신 자신도 무슨 속셈인지 모르게 하라. 어쩌다 그렇게 된 것처럼, 예상 못한 사고처럼, 우연한 만남인 것처럼 고통이 당신을 급습해야 한다. 혼수 상태인 당신의 뒤통수를 번개처럼 후려치고 사라지는 그런 고통이어야 한다.

필요한 만큼 제대로 꼬집었다면, 효과는 확실할 것이다. 즉 당신은 정신을 차리고, 당신 몸도 제자리로 돌아오고, 지금 있는 곳이 어디인지도 알게 된다. 주변의 안개는 말끔히 사라지고, 이전의 지루함에서 벗어나 현실로 되돌아온다. 이제 곰곰이 생각해봐야 할 질문 하나만 남았다. 우리는 왜 고통을 통해 제정신을 차리게 되는 걸까? 단순한 환기 효과일까? 몽롱한 권태로움과 찰나의 고통이 너무 순식간에 대비되기 때문일까? 아니면 우리가 수천 년을 살아오는 동안 고통을 이 세상의 첫 번째 지수로 삼는 삶의 방식을 정착시켰기 때문일까? 뼈아픈 질문이 아닐 수 없다.

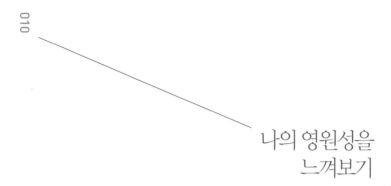

010

나의 영원성을
느껴보기

소요시간 **무한** / 도구 **없음** / 효과 **편안함**

　우리가 영원하다는 것은 신념 같은 것이 아니다. 그건 하나의 사실이다. 어쨌든 우리의 영원성은 논리로 증명할 수는 없어도 이해할 수는 있는 하나의 현실이라고 할 수 있다. 이것은 어렵고 장황한 말들을 늘어놓는다고 해서 결론을 낼 수 있는 문제는 아니다. 실험을 해봐야 자신이 영원하다는 것을 느낄 수 있지 않을까? 조금 엉뚱한 짓으로 보일 수도 있지만 그래도 한번 시도해보라.

　영원성을 느끼기 위해 여행을 떠나는 상상을 해보자. 몸속 탐험을 나섰다고 생각하면 아마 이해하기 쉬울 것이다. 우리 피부는 시간에 둘러싸여 있다. 이 시간은 도시를 바깥에서 둥그렇게 둘러싸고 있는 외곽순환도로쯤에 해당된다. 심장도 시간 속에서 박동하고, 폐와 위장 역시 각자의 리듬, 즉 자기 시간에 따라 움직인다. 시간이 부재하는 공간은 그보다 훨씬 아래, 훨씬 안쪽에 자리하고 있다. 당신의 시선이 미처 다가서지 못하는 이 순수한 공간 속에서, 당신은 시간의 그 얇디얇은 껍질이 조금씩 떨어져 나오는 것을 목격하게 될 것이다. 조각배가 저 바다를 향해 조금씩 멀어져가듯, 시간의 껍질들이 당신과 사물로부터 분리되는 현상을 보게 될 것이다.

그 상태에 도달하면, 당신은 어디에도 구속되지 않은 당신의 생각들이 아무런 흔적도 남기지 않은 채 줄줄이 풀려나가는 모습을 보게 될 것이다. 세상 만물이 지금 현재 속에서, 그러니까 전 우주적 규모로 확장된 현재 속에서 움직이는 모습을 보게 될 것이다.

이 체험의 요점은 시간의 피상적 속성을 우리 내부에서 직접 느껴보는 것이다. 당신을 구성하는 가장 핵심적인 조직이 연속적으로 흘러가는 시간의 질서와는 전혀 무관하다는 사실을 느낄 수 있을 것이다. 처음에는 이 사실이 뜻밖의 경이로움으로 다가오지만, 차츰 익숙해지면서 자명한 이치로 받아들여진다. 연속되는 시간을 계속 주시하고, 거기에 동참하라. 그렇다고 해서 당신이 그 연속성의 일부가 된 것은 아니다. 어쨌든 당신은 그 연속적 시간 속에 포함되지 않는다는 사실을 확신하는 상태까지 나아가야 한다.

당신이 해야 할 일은 실제로 정말 그런지 밝혀내는 것이 아니다. 다만 당신이 비록 순간적이나마, 정말 그렇다고 진심으로 느끼는 것이다. 우리의 삶이 실제로는 순간에 불과하다는 사실은 별로 중요하지 않다. 만약 끝없이 흘러가는 이 시간의 한복판에서, 무한하고 불연속적인 이 시간의 흐름 속에서, 우리가 단 한 번이라도 우리의 영원성을 확신할 수 있다면 우리는 시간의 굴레로부터 벗어날 수 있게 될 것이다. 단지 환상에 불과하다 하더라도 그것만으로도 충분하다.

　　이 체험에 대해 더 이상은 할 말이 없다. 이 체험의 의미를 제대로 이해하는 것은 참으로 어렵다. 그래서 명확하게 이해할 때까지 포기하지 않는 것 역시 어려울 수밖에 없다.

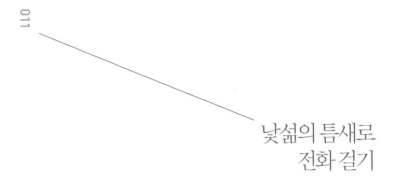

011

낯섦의 틈새로
전화 걸기

소요시간 **20~30분** / 도구 **전화기** / 효과 **인간적**

전화기를 들어라. 그리고 번호를 눌러보라. 번호를 알려 하지 말고, 손가락이 가는 대로 아무 버튼이나 눌러라. 무슨 일이 벌어지는지 찬찬히 기다려보라. 처음에는 대부분 실망한다. 통화 중이거나, 잘못된 번호라는 멘트가 들리거나, 아무 소리도 안 들리거나, 먹통이다. 그도 아니면 이런저런 낭패만 볼 뿐이다. 당신이 특별한 행운아가 아닌 이상, 처음 몇 번의 시도는 아무 성과도 없이 끝난다. 전화는 아무 번호나 막 누른다고 해서 연결되는 것이 아니다. 따라서 나름의 계획 아래 실패의 여지를 최소한으로 줄여야 한다.

이번에는 몇 개의 전화번호를 누를지 먼저 결정한 후 시작하라.

당신이 어느 나라에 있는지, 어디에 걸려고 하는지, 꼭 눌러야 하는 지역번호가 있는지에 따라 그 개수가 달라진다. 물론 국내 통화만 줄곧 할 수도 있고, 전 세계로 범위가 확대될 수도 있다. 후자의 경우, 당신의 기분과 외국어 능력, 주머니 사정 등에 따라서도 개수는 달라진다.

물론 장난전화를 조장하려는 건 아니다. 이 체험은 전 세계의 모든 10대들이 전화기에 대고 하는 철없는 장난거리가 절대 아니다. 당신은 이 점을 전화기 저편의 응답자에게 제일 먼저 이해시켜야 한다. "제가 우연히 선생님께 전화를 하게 됐습니다. 실례가 안 된다면, 선생님이 누구신지 말씀해주시겠습니까?" 이 정도가 당신이 가장 먼저 내뱉어야 할 말이다. 통화가 여기까지 됐다면, 이것이 장난전화가 아니라는 것을 상대방이 수긍하게끔 만들어야 한다.

그다음 상황은 예측 불가능이다. 상대방이 전화를 당장 끊어버릴 수도 있고, (그럴 가능성은 별로 없지만) 맨체스터에 위치한 철근 구조물 회사의 전화안내원과 대화를 시작할 수도 있는 일이다. 상대가 한바탕 욕을 퍼부을 수도 있고, 좀 전까지만 해도 전혀 모르던 누군가와 거의 익명으로 특이한 관계를 맺게 될지도 모른다.

이 체험의 목적은 새 친구를 사귀거나 방구석에 앉아 상대를 꾀어내는 것이 아니다. 설사 이런 목적이라고 해도 크게 비난받을 일은 아니겠지만 우리의 목적은 그것이 아니다. 진짜 목적은 인간 세상이 얼마나 '두꺼운지', 얼마나 가깝고도 먼지를 느껴보는 것이다. 아무 데나 전화 걸기는 이 두껍고 빽빽한 세상 속으로 떠나는 작은 모험의 출발점이다. 오디세우스(《오디세이아》의 주인공. 그리스신화에 나오는 영웅 – 옮긴이) 모험의 미니버전이라고나 할까. 순간적으로 느껴지는 낯섦, 꽉 짜인 일상 속에 느닷없이 끼어든 균열, 낯섦이라는 작은 틈새들. 모험을 끝내고 제자리로 돌아오려면 그냥 통화 종료 버튼만 누르면 된다. 하지만 너무 순식간에 돌아오지는 말라. 공중에 떠도는 여운은 늘 남아 있는 법이니까. 혹은 당신의 너절한 옷 한 자락이 세상 어딘가에서 굴러다니고 있을지도 모르니까. 하지만 그게 어디인지 당신은 아마 알 수가 없을 것이다.

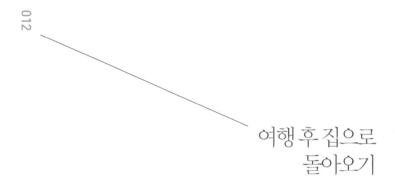

012

여행 후 집으로
돌아오기

소요시간 **10~20분** / 도구 **귀가** / 효과 **편안함**

먼 곳에서 돌아와야 한다. 혹은 장기간 출타 중이었어야 한다. 즉 당신은 일상의 익숙한 흔적들과 멀리 떨어져 있었다. 잠자리도 매번 달랐고, 낯선 음식에도 적응해야 했다. 기후도, 생활리듬도, 눈에 보이는 것들도 모두 달랐다. 다른 언어 속에 있었고, 평소와는 다른 활동을 했다. 당신의 몸과 마음은 새로운 습관에 적응해야 했다. 그런데 이제는 집이 코앞이다. 바로 이 순간을 탐험해야 한다.

몇 분 전부터, 익숙한 흔적들이 다시 눈에 들어오기 시작했다. 당신은 주변 도로와 골목들, 이웃집들을 꽤나 신기하게 쳐다본다. 이 모든 것들이 예전 그대로라는 것을 알고 있지만, 뭔가 다르다. 무엇이 달라졌는지 꼭 집어 말하기는 쉽지 않다. 당연하게도 달라진 게 없기 때문이다. 그런데 뭔가 달라졌다. 단지 당신만이 아니다. 주변 사물들 자체에, 그리고 그 사물과 당신 사이에 뭔가 빠져나간 부분이 있는 것 같다.

현관문을 열고, 곧장 당신 방으로 가보라. 침대에 몸을 쭉 펴고 누워서 주변을 살펴보라. 처음에는 크기를 봐야 하고, 거리를 조정한 후, 색깔을 다시 맞추어야 한다. 그런데 '크기, 거리, 색깔' 이런 말들은 적당치가 않다. 순식간에 진행되는 이 과정을 흔한 일상어휘로 표현하자니 뭔가 부족하고 까다롭다.

당신은 이 공간이 어떻게 나뉘어져 있고, 무슨 색깔이었는지 속속들이 알고 있는 사람이다. 그런데 최근 얼마 동안은 보지 못했다. 다른 감각에 익숙해져야 했기 때문이다. 다른 감각에서 원래 감각으로 귀환하는 것은 다른 감각들에 대한 친숙함과 거리감을 동시에 느끼게 한다.

뭔가 잊어버린 것이 없는지 꼼꼼히 체크해보라. 아주 사소한 부분들, 가령 벽지의 얼룩, 양탄자의 구김, 방바닥의 패인 자국들까지. 당신은 이런 부분들을 전에도 익히 알고 있었지만 그다지 신경을 쓰지는 않았었다. 그런데 집을 비운 사이에 그런 사실들이 기억에서 사라져버렸던 것이다. 깜짝 놀랄 정도는 아니지만, 그 사소한 사실에 당신은 약간 의아해한다. 한편에는 애서 기억하지 않아도 당신이 금방 자연스럽게 어울릴 수 있는 예전 흔적들이 있고, 다른 한편에는 집을 떠나 있는 동안 당신이 적응하고자 했던 또 다른 상황들이 있다. 이 둘 사이의 불안정한 균형 속에 계속 머물러 있어라. 이 불안정한 순간은 금세 지나간다. 당신은 재빨리 흩어진 조각들을 다시 맞추고, 여행담을 과거형으로 이야기하게 될 것이다.

판에 박힌 일상의 흐름으로 복귀하기 전에, 스스로에게 이런 질문을 던져보라. "내 방은 나를 어떻게 기다리고 있었을까?" "내 방은 어떻게 변하지 않고 그대로일 수 있을까?" 당신이 부재하는 동안 하나의 현실이 어떻게 변함없이 그대로일 수 있는지 이해하기란 쉽지 않다.

그리고 당신. 이 방이 변함없이 그대로일 수 있도록 당신은 무엇을 하였는가? 당신 기억 한구석에 이 방을 꼭꼭 넣고 다녔는가? 이 방이 계속 살아 있도록 마음속에 꼭 품고 계속 기억하고 있었던가? 당신이 없는 동안 이 방이 허공 속으로 사라지지 않고, 어쩌면 그 허공에서 무사히 빠져나올 수 있었던 것은 당신 덕분일까, 아니면 그 방 자체의 능력일까? 그것도 아니면 다른 누구, 혹은 다른 무언가 때문일까?

물론 내가 알 게 뭐냐고, 그런 바보 같은 질문이 어디 있냐고 물으며 어깨를 으쓱하는 사람들도 있을 것이다. 그들은 손 하나 까딱 안 해도 사물들은 원래 있던 자리에 그대로 있다고, 우리는 그렇게 남아 있는 것들을 다시 만날 뿐이라고 이야기한다.

이상 끝. 더 할 말 없음. 그런데 과연, 그럴까?

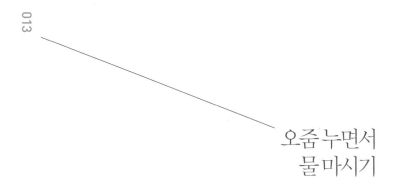

013

오줌 누면서
물 마시기

소요시간 **1~2분** / 도구 **화장실과 물 한 잔** / 효과 **확트인 기분**

수십만 년 전부터, 거의 모든 사람들이 이런 체험을 시도도 못해 보고 살다 죽었다. 하지만 지금 소개할 이 체험은 정말 쉽고 무척이나 재미있는 체험이다.

다른 사람들이 그렇듯 당신도 오줌을 눈다. 그리고 오줌 눌 때는 물을 안 마신다. 이 두 가지 일을 한꺼번에 할 때 어떤 느낌이 드는 지 당신은 알지 못한다. 이제 이 실험을 통해 한번 느껴보시라.

좀 웃기지만, 커다란 컵에 물을 준비하고서 변기 위에 앉아라. 오줌이 나오기 시작하면, 그때 물을 마시기 시작하라. 가능하면 입을 떼지 말고 한 번에 쭉 마셔야 한다. 너무도 황당한 느낌이 들기 시작할 것이다. 당신의 거시기를 통해 빠져나가는 물과 당신의 입을 통해 들어오는 물이 거의 한 줄로 이어지고 있다는 느낌이 드는 것이다. 그때 당신은 지금껏 상상조차 못 해본 특이한 신체구조를 갑자기 머릿속에 그려보고 또 느껴보게 될 것이다. 그 상상화 속에서, 당신이 마시는 물은 당신의 방광에서 금방 빠져나온 물이다. 당신은 식도와 요도가 직선으로 연결되어 있고 위장과 방광 역시 곧장 연결되어 있다는, 말도 안 되지만 분명히 느껴지는 생리학을 단 몇 초 만에 고안하게 된다.

당신은 몇 초 만에, 아주 단순하고 비현실적이지만 그럼에도 추호의 의심도 하지 않고 확실하게 느껴지는 인체를 만들어낸 것이다. 대장이나 소장, 신장 따위는 없다. 물이 머무르는 시간이나 여과과정, 투석과정도 없다. 물은 당신 몸속에서 수직으로 낙하하고, 몸속을 흐르는 신선한 액체가 독특하고도 확실하게 그곳을 씻어내고 청소한다. 당신의 몸은 안이 훤히 보이는 것 같고, 물이 안과 밖을 부드럽게 순환하는 것 같다. 우주의 흐름 같기도 하고, 전자동 세탁기 같기도 하다. 맘에 드는 표현이라면 뭐든 갖다 붙여도 좋다.

돈 한 푼 안 들이고 평생 동안 해볼 수 있는 이번 체험은 매번 새로운 발견과 경이로움을 가져다줄 것이다. 하지만 신종 온천요법으로 착각하지는 말도록!

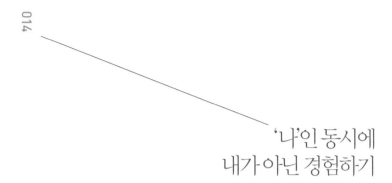

014

'나'인 동시에
내가 아닌 경험하기

소요시간 **약 10분** / 도구 **없음** / 효과 **자기 분리**

눈높이에서 양손과 손가락들을 마주 대보라. 그리고 양 손가락은 그대로 붙인 채, 양 손바닥만 떼어보라. 불규칙적으로 양 손바닥을 접근시키되, 서로 닿지 않게 한다. 양 손가락 끝의 보드라운 살갗을 점점 세게 부딪치면서, 양손이 서로 누르면서 밀어내도록 하라.

마치 벽을 밀어낼 때처럼, 꼼짝도 않는 평면 벽의 압력에 저항하듯이 양손은 서로 가까워졌다 멀어졌다를 반복한다. 손가락 관절들을 최대한 이용하고, 손바닥 근육의 팽팽한 긴장과 늘어나는 인대를 느껴보라. 힘을 줬다 뺐다 하는 일을 수십 번 반복하다 보면, 당신은 이것이 아주 애매한 상황이라는 사실을 곧 깨닫게 될 것이다.

당신은 압박을 가하는 자임과 동시에 그 압박에 저항하는 자다. 당신의 양손이 압박을 가하는 동시에 저항하고 있기 때문에, 당신은 양손 중 어느 편도 들지 못한다. 당신은 다른 누군가이고, 다른 누군가가 바로 당신인 상황이다. 이 체험이 길어지면, 더욱 기이한 상황이 연출된다. 움직이는 자와 움직이지 않는 자가 각각 어디에 있는지 당신도 잘 구분할 수 없기 때문이다. 양손의 입장에서 보면, 서로의 움직임에 대한 저항은 손가락 바깥에 있고, 그 저항은 마치 단단한 벽과도 같다. 그런데 실제로 당신의 양손이 느끼는 것은 살아 움직이며 애쓰는 손가락들이지, 밋밋한 벽이 아니다. 당신은 살아 있는 살갗을 느끼는 것이지, 벽을 느끼는 것이 아니다. 이 상상의 벽, 실제로는 없지만 손끝으로 느낄 수 있는 이 벽을 당신은 어느 곳에 두어야 할지 쉽사리 알지 못한다.

이 상황이 복잡해지는 이유는, 양손이 바로 당신의 눈앞에 있기 때문이다. 즉 보이는 것이 느끼는 것과 일치하지 않기 때문이다. 당신 눈에 보이는 양손은 똑같이 생긴 손, 즉 대칭의 손이다. 그것이 정상 이미지다. 그런데 양손의 느낌은 서로 다르다. 마치 한 손이 다른 손을 부정하는 것처럼 느껴진다. 당신 자신과의 이 몸싸움 속에서, 폐쇄회로 속 이 '일대일' 싸움에서, 당신은 자신을 타자他者로 느끼는 경험을 하고 있는 것이다.

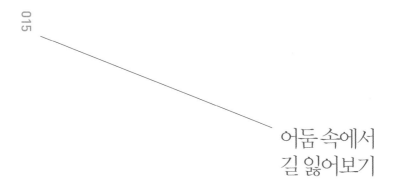

015

어둠 속에서
길 잃어보기

소요시간 **몇 초** / 도구 **캄캄한 방** / 효과 **낯섦**

사방이 캄캄하다. 정전이거나, 문득 잠에서 깨어났거나, 또는 잠든 이들을 깨우지 않기 위해서 당신은 지금 어둠 속에 있다. 왜 캄캄한지는 중요하지 않다. 어쨌든 당신은 이 어둠 속을 걸어간다. 예상치 못한 갑작스런 상황이면 더 좋다. 밝을 때는 아무렇지도 않았지만 지금은 어디로 가고 있는지, 장애물은 없는지, 거리는 얼마나 되는지 도무지 가늠이 안 된다. 당신은 이 칠흑 같은 어둠 속에서 침실이나 거실 같은, 당신에게 너무도 낯익은 공간을 오직 기억에만 의존하여 찾아가야 한다. 이 체험을 통해 당신이 깨달아야 하는 것은 바로 확실성의 단절이다.

당신은 지금 수천 번도 더 왔다 갔다 했던 이 익숙한 틀 속에서 헤매고 있다. 침대에서 방문까지는 몇 발자국이나 될까? 그 사이에는 아무것도 없나? 의자 팔걸이가 어디쯤 있더라? 침대 모서리는? 그 익숙하고 편안하던 공간이 이제는 의문의 수수께끼로 가득한 공간이 되었다.

살짝만 움직여도 위험이 닥칠 수 있고, 느닷없이 난감한 상황에 봉착할 수도 있다. 특히나 이제 정확한 계산도 불가능하다. 밝을 때에는 훤히 알고 있었던 것들이 어둠 속에서도 과연 그럴까 하는 의문이 드는 것이다. 확실한 건 아무것도 없다. 이제 곧 뭔가 잡히겠지, 벽에 닿겠지, 문틀이 있겠지, 생각하며 두 팔을 뻗는다. 그런데 손에 닿는 것은 아무것도 없다. 당신은 계속해서 허공을 더듬는다.

2초가 지나자, 미처 생각할 틈도 없이 무지로 인한 마비가 당신을 엄습한다. 어둠이 당신을 바보로 만들어버린 것이다. 어둠 때문에 머릿속도 캄캄해지고, 당신의 표지판까지 엉망이 되어버렸다. 그러다 당신은 옷장 모서리에 꽝 하고 부딪친다. 옷장이 거기 있으리라고는 생각도 못했다. 당신은 잘못 짚어도 한참을 잘못 짚었다. 지금 있는 곳은 예상했던 위치와는 전혀 다른 곳인 것이다. 게다가 어둠 속에서 가구가 불쑥 튀어나와 당신을 호되게 가격했다. 그것도 모서리에, 제일 아픈 허벅지 위쪽을 말이다.

어둠 때문에 당신의 계산은 하나도 맞는 게 없고, 주변은 엉망이 되어버렸다. 당신의 몸은 갈피를 못 잡고 헤맨다. 이제는 움직일 수조차 없다. 부르르 떨거나 움찔움찔할 뿐이다. 이건 당신이 어딘가 모자르기 때문에 벌어지는 일이 아니다. 익히 알고 있는 현실은 고스란히 제자리에 질서 있게 놓여 있다. 물건들이나 그 물건들 간의 상호관계는 변한 것이 전혀 없다. 그런데도 당신은 이제 그것들을 이해할 수가 없다. 나와 거리를 두고 있는 그것들은 은근히 위협적이다.

흔히 어둠 속의 세상은 밝을 때의 세상과 '동일한' 것으로 간주된다. 하지만 눈에 보이느냐 안 보이느냐에 따라 세상은 전혀 딴판이 된다는 사실을 당신은 이제 실험을 통해 경험하게 되었다. 다시 말해 흔히 우리가 '세계', '현실', '정상적인 생활'이라고 부르는 것들은 언제라도 부서질 수 있는 얇은 껍질 속에 자리 잡고 있다는 사실을 말이다.

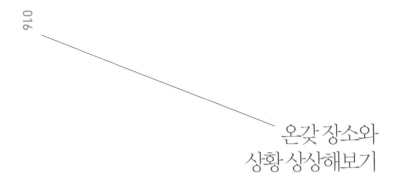

016

온갖 장소와
상황 상상해보기

소요시간 **20~30분** / 도구 **없음** / 효과 **즐거움**

지금 여기가 지겹다. 너무 좁고, 매일 그날이 그날이다. 놀랄 일은 커녕 재미있는 일도 없다. 틀에 박혀 답답하고 늘 똑같은 곳, 이제 당신은 이곳에 신물이 난다. 그런데 출구가 아주 없는 것은 아니다. 가깝건 멀건 상관없이, 지금 이 순간 존재하는 수없이 다양한 장소들을 상상해보라.

우선 명소들이 있다. 이를테면 베니스의 성 마르코 광장, 예루살렘의 성곽들, 뉴욕 5번가를 향하는 센트럴파크 입구, 코트디부아르의 야무수크로 성당, 이집트의 피라미드, 코펜하겐의 인어 동상, 부에노스아이레스의 5월 광장, 로마의 콜로세움, 파리의 샹젤리제 거리, 북경의 자금성, 로스앤젤레스의 베벌리 힐스, 모스크바의 붉은 광장, 아테네의 파르테논 신전, 런던의 트래펄가 광장, 뉴델리의 랄 낄라, 이스탄불의 톱카피 궁전 등등. 유적, 광장, 건축물, 카페, 동상 등 온갖 종류의 명소들이 끝도 없이 떠오른다.

여기서 그치면 안 된다. 사방에 널려 있는 흔한 장소들도 현기증이 날 정도로 계속해서 떠올려보라. 이름도 없고, 근사하지도 않은 곳들, 가령 뒷마당이나 작은 공터, 막다른 골목, 오솔길, 후미진 길도 있다. 초라하기 짝이 없는 귀퉁이, 곳간, 광, 지하실, 포도주 저장실, 벽장, 차고 등도 있다. 습기 찬 열대 지방, 건조한 사막, 으슬으슬 춥고 안개 자욱한 동네들도 있다. 종려나무나 자작나무, 선인장, 늙은 전나무, 하얀 모래, 붉은 바위, 진흙, 만년설, 쪽빛 바다 위에 부서지는 순백의 파도도 상상해보라.

그뿐만이 아니다. 지금 이 순간, 이 세상 구석구석의 모든 사람들이 무엇을 하고 있을지 하나하나 끝도 없이 상상해보라. 무아지경에 이를 때까지 계속 상상하라. 섹스하는 사람들, 재미있게 노는 사람들, 소리 지르는 사람들, 엉엉 우는 사람들, 뭘 먹고 있는 사람들, 죽어가는 사람들…. 자고, 땀 흘리고, 고생하고, 장난치고, 놀라고, 질투하고, 여행하고, 요리하고, 독서하고, 귀가하고, 노래 부르는 사람들….

당신은 이 수많은 경우들 속에 푹 빠져 있어도 되고, 이 끝없이 다양한 상황 속에 몸을 맡긴 채 그냥 가만히 있어도 된다. 지금 당신이 있는 이곳은, 단지 무한히 많은 경우들 중의 하나가 아니다. 이곳은 다른 모든 곳을 내포하고 있다. 이 모든 것이 당신 머릿속에 들어 있다는 말이다. 모든 것은 늘 준비되어 있다. 당신도, 다른 모든 사람들도 필요할 때면 언제든 갖다 쓰기만 하면 된다.

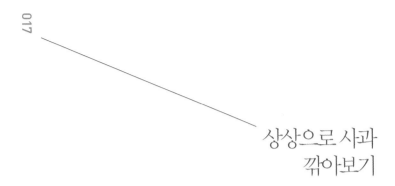

017

상상으로 사과
깎아보기

소요시간 **20~30분** / 도구 **없음** / 효과 **집중력**

우리는 보통 우리의 일상 생활을 매우 정확하게 머릿속에 그려낼 수 있다고 생각한다. 주변의 물건, 익숙한 장소, 먹을거리, 반복적 행위 등 원하기만 하면 언제든지 떠올릴 수 있을 거라고 믿는 것이다. 이것은 의식의 모니터를 켜서 거기에 이 낯익은 이미지들을 거의 정확하게 모두 띄울 수 있다고 믿는 것과 비슷하다.

또 우리는 소리와 같은 특정 감각, 특히 특정 냄새를 기억해내는 것은 조금 어려운 일이라는 것을 분명히 잘 알고 있다. 머릿속에서 특정 촉감(애무, 살짝 터치하기, 키스 등)을 되살리는 것은 아마 훨씬 더 까다로운 일일 것이다.

우리가 머릿속에서 현실을 쉽고 분명하게 재현해낼 수 있을 거라는 믿음은 상당 부분 착각일 수도 있다. 평소에는 알 도리가 없는 이런 어려움을 직접 체험하기 위해서는 머릿속에서 사과를 한 번 깎아보면 된다. 처음 시도할 때는 식은 죽 먹기처럼 보인다. 당신은 상상한다. 사과가 있고… 칼이 있고… 껍질을… 깎는다…. 그게 전부다.

그런데, 그게 그리 간단치가 않다. 그 이미지와 현실이 어떤 관계를 맺으려면, 당신은 먼저 사과의 종류부터 선택해야 한다. 그리고 그 사과의 크기, 색깔, 특징을 정확하게 생각해내야 한다. 특정 종류의 사과를 생각했다면 그다음에는 이 종류에 속하는 유일무이한 단 하나의 사과를 떠올려야 한다. 그다음에는 이 사과만이 지닌 특이한 색조, 즉 어디는 좀 더 연하고 어디는 좀 더 진하고, 아니면 아예 여러 색깔이 섞여 있는, 그 고유한 톤을 상상해내야 한다. 작은 얼룩과 미세한 주름도 있을 수 있다. 당신은 이 모든 형상들을 최대한 선명하게 그려내야 한다.

이제 칼을 상상해보라. 손잡이가 나무로 되어 있는가? 플라스틱인가? 칼날에는 톱니가 있는가? 날이 반짝거리는가 아니면 탁한 빛인가? 날은 잘 서 있는가? 부엌칼인가 아니면 식탁용인가? 캠핑용 오피넬Opinel 칼인가 아니면 투박하면서도 세련된 라귀올Laguiole 칼인가(오피넬, 라귀올은 모두 프랑스의 유명 칼 제조회사다 - 옮긴이)?

어떻게 깎을 것인가도 문제다. 쉬지 않고 능숙하게 빙 돌려 깎아 한 줄의 기다란 껍질을 만들어내는 모험을 할 것인가, 아니면 여러 조각으로 쪼갠 뒤 하나하나 따로 깎을 것인가? 어떤 방식을 택하든, 당신은 외과의사의 정확한 손놀림과 사진에서나 볼 수 있는 디테일을 생각하며 깎아야 한다. 어느 정도까지 나가야 하느냐면, 이 사과 깎기 필름의 장면 하나하나, 이미지 하나하나가 초 단위로 당신 머릿속에 정확하게 펼쳐져야 한다. 멈춰서도 안 되고, 중간에 망쳐서도 안 되고, 실수가 있어서도 안 되고 머뭇거려서도 안 된다. 가장 중요한 것은, 공백이 없어야 하고, 공백 후 다시 이어져서도 안 된다는 것이다. 즉 두 장면을 억지로 연결시켜서는 안 된다.

엄청난 훈련과 특출한 자제력이 있지 않고는 도달하기 힘든 목표다. 특히 중간에 흐름이 끊길 가능성이 아주 크다. 멀쩡하던 사과가 색깔이 바뀌고 모양도 변한다. 처음의 특징들도 변하고, 깎은 껍질은 제대로 떨어지지도 않고, 칼은 이리저리 허둥댄다. 손놀림은 리듬을 잃고, 이미지들이 중간중간 잘려나가는 바람에 앞뒤를 매끄럽게 다시 연결하기가 쉽지 않다.

하지만 이런 경험을 여러 차례 반복하다 보면, 점점 나은 결과가 나온다는 것을 당신은 확인할 수 있을 것이다. 실력 향상이 단번에,

쉽게 이루어지는 것은 결코 아니고 천천히, 비교적 힘들게 이루어지지만 말이다. 어쨌든 훌륭한 정신력 집중 훈련인 것은 사실이다. 하지만 당신이 이 체험을 통해 새삼 확인할 수 있는 사실은, 우리의 정신이라는 것이 실제로는 현실에 얼마나 불충실한지, 현실을 정확하게 포착하고 재현하는 데에 얼마나 취약한지에 관한 것이다.

평소에는 "현실? 그쯤이야, 뭐⋯"라고 생각하는, 유난히도 잘난 척하는 우리의 정신이 말이다.

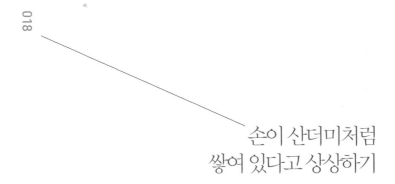

018

손이 산더미처럼
쌓여 있다고 상상하기

소요시간 **30~40분** / 도구 **해부대 테이블(선택사항)** / 효과 **잔혹함**

이번 체험의 동기는 단순하다. 살아 있는 사람의 손이 움직이는 것은 전혀 무서운 느낌이 없다. 아무도 그 손의 움직임에 주목하지 않는다. 간혹 그 손이 가진 어떤 특징 때문에, 이를테면 너무 가늘다거나 너무 거칠다거나, 너무 짧고 뭉툭하다거나 해서 당신의 시선을 끄는 경우는 있을 수 있다. 하지만 이 경우는 그런 특징들이 뭔가 의미하는 바가 있거나, 유난히 생기가 넘치거나, 순간적으로 이런 저런 생각들을 떠올리게 하기 때문에 그런 것이다.

반면 몸에서 떨어져 나가 꼼짝도 하지 않는 손은 당장에 당신의 시선을 잡아끈다. 이 죽은 손이 어느 유명인의 진짜 손이 아니라 그 손을 석고틀로 뜬 모형이라고 해도 시선을 끌기는 마찬가지일 것이다. 사할린 사람들이 자신들의 생존 사실을 세상에 알리기 위해 그들 중 한 사람의 손을 잘라 떠나가는 화물선 위로 던졌다는 일화도 있지 않은가.

잘린 손은 또 다른 효과도 갖고 있다. 석고나 골판지, 또는 나무로 만든 손이라 해도, 그 손들이 다른 물건들처럼 차곡차곡 쌓여 있는 모습을 상상하면 훨씬 더 끔찍하게 느껴진다. 인체의 일부가, 그것도 똑같은 부분이 마치 쓸모없는 쓰레기처럼 어디에 쓰는 물건인지 알아보기도 힘든 모습으로 뒤죽박죽 쌓여 있을 때 느끼게 되는 그 찜찜함은 뭐라 딱 꼬집어 설명하기가 어렵다. 이것은 정육점에 진열된 고깃덩어리와는 전혀 다른 성격이다. 물론 육류 도매시장 한복판을 걷노라면 느닷없는 구역질과 무력감을 느낄 수도 있다. 그래도 그 살코기들이 일렬로 내걸린 것이 전혀 이해할 수 없는 일인 것은 아니다. 그건 원래 그런 거니까, 보통 그러니까 말이다. 당신도 그렇게 생각할 것이다.

하지만 첩첩이 쌓인 손들, 혹은 팔 무더기, 발 더미를 상상할 때, 당신은 이 이미지를 어떻게 해야 할지 도무지 알 수가 없다. 손발 하나하나가 자기가 있어야 할 사람의 몸을 부르고 있고, 다시 그 몸에 달라붙어 온전한 모습을 찾게 해달라고 아우성치고 있기 때문이다.

그리고 무더기라는 것 그 자체가 팔다리들을 또 한 번 무력화시키기 때문이다. 무슨 말인고 하니, 혼자 잘려 나온 이 손들은 어처구니 없는 황당한 외로움 속에 고립되어 있다. 그런데 이 손들이 무더기로 쌓여 있다는 사실은 외로움에다 공포까지 배가시킨다. 비슷한 이유로 버림받은 수많은 팔다리들 속에 끼어 있다는 공포가 바로 그 것이다. 이러한 무시무시한 유사성에 대해 뭐라고 말해야 할까? 딱히 할 말이 없다. 비슷한 나사못들을 한 군데 모아두는 것은 전혀 이상한 느낌이 들지 않는다. 다른 생활용품들도 마찬가지다. 하지만 수북이 쌓인 인체기관을 설명할 수 있고 납득시킬 수 있는 인간적 동기는 아무리 찾아봐도 존재하지 않는다.

그런 모습을 실제로 볼 수 있는 경우는 거의 없기 때문에, 당신은 정신을 집중하여 환각 속에서 그런 모습을 만나야 한다. 자, 이제 당신 눈앞에 약 백여 개의 사람 다리가 무더기로 쌓여 있다고 상상해보라. 피부색도 다양하고, 연령층도 다양하다. 살찌고 통통한 다리도 있고, 쭈글쭈글한 다리도 있다. 짧은 다리도 있고, 정맥류를 앓은 퉁퉁한 다리, 털이 무성한 다리와 털을 다 밀어버린 매끈한 다리, 핏기 없는 다리와 혈기왕성한 다리, 푸르스름한 다리와 시뻘건 다리 등 엉망으로 엉켜 있는 다리들을 상상해보라. 벌어진 발가락과 뒤틀린 발가락, 빠져버린 발톱, 핏줄이 도드라진 발목, 툭 튀어나온 무릎, 희미하게 흔적만 남은 무릎….

　당신은 손가락이나 어깨 혹은 가슴을 가지고도 이런 체험을 해볼 수 있다. 심장, 허파, 간으로도 가능하다. 그렇게 되면 아마 훨씬 더 역겨울 것이지만 사람의 머리, 일그러진 얼굴, 감은 눈과 부릅뜬 눈, 창백한 입술, 찰싹 들러붙은 머리카락 등을 상상할 때보다는 훨씬 덜 충격적일 것이다. 더 나아가 전 인류가 비정상적인 모습으로 잘게 썰려 교차로마다 무더기로 쭉 쌓여 있는 세계를 상상할 수도 있다. 길가의 이 무더기들은 새로운 질서의 승리를 알리는 것일지도 모른다.

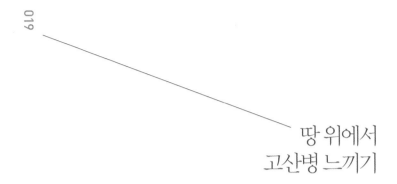

땅 위에서
고산병 느끼기

소요시간 **15~30분** / 도구 **사방이 막힌 방** / 효과 **상승**

장소는 낮은 곳이 좋다. 낮은 곳이라면 어디라도 상관없다. 당신은 지금 해수면 높이거나 아니면 그보다 조금 더 높은 곳에 위치한다. 이번 체험은 당신 주위를 에워싸고 있는 모든 것들을 아주 높은 데까지, 가령 4,000미터 정도까지 상승시켜보는 것이다. 이것은 순전히 자기암시다. 당신 주변에 보이는 것들 중에서 근본적으로 변형되는 것은 아무것도 없다. 장소는 되도록 창문도 없고 사방이 막혀 있는, 밖이 전혀 보이지 않는 곳이 좋다.

당신은 투명하고 가벼운 빛 속으로 조금씩 미끄러져 올라가야 한다. 호흡이 점점 깊어지고 가빠질 것이다. 올라갈수록 산소가 희박해지기 때문이다. 콧속이 가볍게 따끔거리고 머릿속에는 이런 경험이 가능하구나 하는 생각이 든다.

이따금 누군가 당신의 관자놀이를 꽉 누르는 것 같다. 순간적으로 머리가 핑 돌 수도 있고, 머릿속이 안개처럼 뿌옇게 될 수도 있다. 정신을 가다듬고, 심장 부위의 가벼운 압박을 느껴보려고 애써라. 그 압박은 계속 이어질 것이고, 몸을 움직이면 더욱 강렬하게 느껴질 것이다. 당신은 몸놀림이 확연히 느려지고, 힘이 빠져 있다는 것을 눈치채게 된다. 당신의 생각마저도 일관성을 잃고, 제대로 이어지지 않는다.

단 한 번의 시도로 이런 효과를 거두기가 쉽지는 않을 것이다. 그래도 망설이지 말고 다시 시작하라. 여러 번 시도하다 보면, 결과는 눈에 띄게 발전할 수 있다. 충분히 훈련하면, 십중팔구 이런 고산병을 만들어낼 수 있을 거라고 기대해도 좋다.

그렇다면 왜 이런 체험을 해야 하는 걸까? 이 실험에서 체험한 느낌은 사실 불쾌함에 가깝다. 이로운 점이 하나도 없다. 저 하늘 위로 붕 떠오른다고 해서 새로운 볼거리가 생기는 것 같지도 않다. 늘 변함없이 당당하고 자명한 현실에 접근할 수 있는 특수한 방법이 생기는 것도 물론 아니다. 그렇다면 어떤 쓸모가 있는 걸까? 왜 몽롱한 기분에 빠져 그 숱한 불편함을 감수하고, 그 많은 판타지를 받아들여야 한단 말인가?

　이 체험을 통해 적어도 당신은 객관성이라는 것에 대해 약간의 의문을 품을 수 있게 될 것이다. 특히 이런 확신을 얻을지도 모른다. 즉 순간적이긴 하지만, 우리 몸을 통해 세계를 꿈꿀 수 있다는 확신 말이다. 이건 결코 사소한 발견이 아니다.

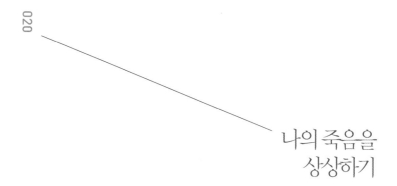

020

나의 죽음을
상상하기

소요시간 **5~10분** / 도구 **없음** / 효과 **가벼움**

우리는 언제 어떻게 죽을지 모른다. 비행기를 탈 일이 있을 때 어쩌면 곧 떨어져 죽을지도 모른다고 상상해보라. 장거리 자동차 여행을 할 때, 혹은 당신이 탄 기차가 역을 출발할 때도 그런 상상을 해보라. 버스, 트럭, 승용차, 심지어 오토바이와 사고가 나서 목숨을 잃을 수도 있다. 황당하기 그지없는 사고의 위험은 언제 어디서나 우리를 위협한다. 곰곰이 생각해보면, 우리 주변에 만연한 죽음의 가능성을 두려워하는 것은 너무도 당연한 일이다.

그런데 당신은 그런 가능성을 쉽게 일축해버리곤 한다. 그것은 단지 불쾌감 때문만은 아니다. 무엇보다 그럴 가능성이 아주 희박해 보이기 때문이다. 물론 맞는 얘기다. 한 시간 후에 혹은 내일 당장, 당신이 살아 있을 확률은 거의 백 퍼센트다. 그런데 왜 일어날 것 같지도 않은 우연한 사건에 신경을 써야 한단 말인가?

문제는 당신의 죽음은 확실하게 결정되어 있는 하나의 사실이라는 것이다. 물론 죽음의 날짜나 시간은 정해져 있지 않다. 하지만 죽음은 누구도 피할 수 없다. 절대 피할 수 없다. 당신이 죽는다는 것은 너무도 확실하다. 차질이 있을 수 없고, 예외도 없다. 그렇다면 당신 자신의 죽음과 그 필연성에 대해 생각해봐야 하지 않을까?

임종의 고통, 시신, 매장, 썩은 머리와 해골바가지를 상상해보라. 캄캄한 무덤과 악취가 진동하는 시체를 또렷이 떠올려보라. 찬란한 태양도 둥근 지구도 더 이상 볼 수 없다는 점도 명심하라. 따뜻한 바람, 눅눅한 습기, 눈부신 햇살, 알록달록한 색깔, 달콤한 향기와도 영원히 안녕이다. 부드럽게 쓰다듬거나 살짝 깨물어주고 싶은 살덩이도 이제는 없다.

이렇게 생각하면 가슴이 찢어질 듯 아플 수도 있다. 그런 아픔이 사실은 말도 안 되고 아무 근거도 없는 걱정이라는 것을 알게 되면, 당신은 분명 가슴을 쓸어내리며 안도할 것이다. 이런 특이하고 형체가 없는 상상 속에서, 당신은 산 자인 동시에 죽은 자라는 생각이 든다. 당신은 죽었다. 땅에 묻히지도 않았고, 썩어가고 있는 것도 아니지만 말이다. 동시에 당신은 여전히 살아 있다. 아직까지 당신의 오감이 살아 있고, 감동을 느낄 수 있으니 말이다. 그런데 그게 바로 오류다. 당신의 죽음에 관한 이미지들이 존재하는 곳은 지금 이 시간 당신의 머릿속이고 당신의 몸속인데, 당신이 죽었다면 그런 이미지들이 더 이상 존재할 수 없기 때문이다.

우리는 우리 자신의 죽음을 상상할 수 없다. 설령 그것이 가능하더라도, 그건 어디까지나 살아 있는 자의 상상일 뿐이다. 당신의 모든 상상력은 삶의 녹이다. 비록 죽음, 무덤, 흡혈귀, 거미줄, 컴컴한 관들이 당신 머릿속을 가득 채우고 있다 해도, 그건 엄밀히 말해 죽음과 아무런 상관이 없다. 다시 한 번 말하지만, 그런 상상은 죽음과 절대 무관하다. 우주는 단 하나뿐이다. 우주의 바깥이라는 건 없다. 자신의 외부에 관해 아무리 생각한다 한들 그것은 자기 내부에서 이루어지는 것일 뿐이다. 따라서 절대로 외부에 대한 생각이 될 수 없다.

이제 좀 마음이 놓이는지? 물론 아닐 것이다. 이제 당신은 삶과 철학의 차이를 조금 깨닫게 되었다. 처음 죽음을 상상했을 때는 다가오는 공포에 불안해하고 안절부절못하고 가슴이 콩닥콩닥 뛰었을 것이다. 그리고 아마 두 번째 상상에서는 정신을 똑바로 차리기만 하면 아무 일도 생기지 않을 거라고 믿고 있었을 것이다. 그게 바로 착각이다. 그건 순전히 당신의 추측일 뿐이다.

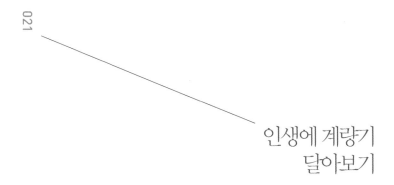

021

인생에 계량기
달아보기

소요시간 **평생** / 도구 **자, 저울, 혈압계, 물리학에서 쓰는 입자가속기 등** / 효과 **허무감**

옛 사람들은 다양한 측량 도구를 사용했다. 그래서 똑같은 무게도 각 지방에 따라 달리 표시했다. 척도가 하도 다양하다 보니, 빵한 조각의 무게가 얼마인지, 문짝의 치수가 얼마인지 정확히 알 도리가 없었다. 사는 것 자체가 모두 어림짐작이었고, 엉성했다. 원칙상으로는 세상을 산술적으로 계산했지만, 그래도 세상은 여전히 불확실하고 애매한 부분이 너무 많았다.

하지만 세상은 많이 변했다. 확실한 규칙이 생겼고, 다양한 지표들은 하나로 통일되었다. 우리는 끊임없이 세상 만물을 이리 재고 저리 잰다. 케이크를 하나 굽는다고 치자. 모든 재료는 정확히 계량

된다. 방을 꾸미거나 모터를 수리할 때도, 미니어처를 만들 때도, 텃밭을 꾸밀 때도 마찬가지다. 늘 정확하게 자로 재고 계산기를 두드려야 한다.

당연하게도, 당신은 눈대중보다 이런 정확한 계산을 더 신뢰한다. 지도, 이정표, 비행시간표, 육분의(두 점 사이의 각도를 측정하는 광학기계로, 태양·달·별의 고도를 측정하여 현재 위치를 알아내는 데 사용한다 - 옮긴이), 나침반, 고도계, 회전속도계, 위성중계기, 레이더, 지피에스GPS, 미래형 첨단기기 등이 없이는 절대로 비행할 수 없다.

당신은 아이들의 키와 몸무게를 재고, 그 수치를 분석한다. 그리고 당신도 정기적으로 혈액검사, 소변검사, 대변검사, 정액검사, 조직검사, 피부검사, 엑스레이 촬영, 유전검사, 내시경 검사 따위를 받는다. 즉 당신의 모든 면이 수치화되고 검사된다. 당신이 내뿜는 이산화탄소량, 당신 오줌에 섞여 있는 알부민 양과 포타슘 양, 당신 혈액 속에 흐르는 지방과 당분의 양도 측정된다. 누군가 또는 당신 자신이, 아니면 둘 다 당신의 체중과 혈압, 혈당을 걱정한다.

이런 계산들은 물론 쓸모가 있다. 하지만 당신은 이런 수치들이 지니고 있는 부차적이고 무의미한 가치들을 정신적으로 경험해볼 필요가 있다. 이를테면, 이런 질문을 스스로에게 던져보라. "삶을 어떻게 측정할 것인가?" 어떤 도구와 어떤 단위로? 어떤 규칙과 어떤 좌표에 따라? 지금까지 당신이 도보로 이동한 거리距離, 차를 타고 이동한 거리, 당신이 살아온 햇수, 일수, 시간수, 초수, 또 심장박동수, 땀의 양, 소변량, 혈액량, 과일과 감자와 육류 섭취량, 주량, 글 쓰는 데 사용한 종이의 양, 허비한 시간들, 사랑했던 시간과 사랑받은 시간…. 이런 것들을 통해 당신의 삶이 제대로 측정될 수 있을까? 아니, 그게 어떻게 측정된단 말인가?

이 세상은 온통 숫자들로 뒤덮여 있고, 현실은 숫자들로 숨이 막힌다. 일련의 방정식을 통해, 크기와 질량과 힘으로 이루어진 치밀한 공식을 통해 삶을 묘사할 수는 있다. 하지만 그것이 삶을 '측정' 해주는 것은 아니다.

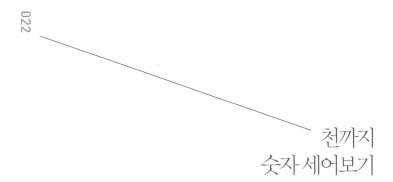

022

천까지
숫자 세어보기

소요시간 **15~20분** / 도구 **없음** / 효과 **절망**

겉으로 보기엔 전혀 특별할 것이 없다. 천까지 세자면 약 15분, 즉 900초 정도의 일정한 시간이 걸릴 테고 지루함이 몰려올 것이다. 언뜻 이 체험은 뻔하고 단조로워 보인다. 기계적이고 싱거운 체험이라고 생각할지도 모르겠다.

그런데 그게 그렇게 단순하지가 않다. 왜냐하면 천까지 세는 과정에서 당신은 예상치 못한 우여곡절을 겪게 될 것이기 때문이다. 포플러와 거대한 플라타너스들이 줄지어 선 오래된 국도처럼 평탄한 도로가 있는가 하면, 내리막도 있고 직선으로 뻗은 기다란 오르막도 있다. 특히 오백이라는 고지에 다다를 때쯤이면 언덕과 급경

사와 꼬불꼬불한 길까지 나타난다. 처음에는 숫자밖에 안 보이리라 예상했지만, 뜻밖에도 당신은 어린 시절로 돌아가는 여행길에 올라 있는 것을 발견하게 될 것이다. 초등학교 때의 수업시간, 잉크병과 교복 셔츠, 아담한 운동장, 책가방에 들어 있던 칠판지우개에 얽힌 사연들…. 당신은 롤러코스터를 타고 신나게 달리는 천방지축의 어린 당신과 다시 만난다. 당신은 이제 중심을 잃은 채 그저 숫자를 세고 있을 뿐이다.

판에 박힌, 기계적 작업이라야 했다. 그런데 어찌 해볼 도리가 없는 미묘한 모험이 되어버렸다. 십 단위에서 틀린 건 아닐까? 빼먹은 건 없을까? 설마 백 개 정도를 빼먹은 건 아닐까? 좀 전에 딴생각에 빠져 실수한 건 아닐까? 쉽게 줄줄 이어지기는커녕, 천까지 가는 길 곳곳에는 금이 가 있고 덫이 놓여 있다. 언제든 벌어진 틈 속에 빠져 헤맬 수도 있고, 그러다 빠져나오지 못할 수도 있다. 어디까지 세었는지 모르고 우물쭈물하다가 처음부터 다시 시작해야 할지도 모른다. 그럼 계속 이렇게 헤매고만 있어야 할까?

아니다. 당신은 드디어 천의 고지에 도착했다. 무엇을 배웠는가? 아마 단 하나, 천이라는 수가 굉장히 큰 수라는 사실을 깨달았을 것이다. 어쨌든 천까지 세는 것은 불가능한 일이 아니다. 하지만 15분은 족히 걸리는 일이고, 술술 잘될 때도 있고, 그렇지 않을 때도 있다. 그리고 천까지의 숫자를 한눈에, 한꺼번에 파악할 가능성은 전혀 없다.

천까지 다 세고 나서는, 천 년 혹은 천 명이 얼마나 큰 규모인지를 한번 생각해보라. 천 곱하기 천은 아예 당신의 상상력 밖이다. 더욱이 천 곱하기 천 곱하기 천, 즉 10억이라는 수에 대하여 당신의 이성은 이해할지 모르지만, 당신의 감각은 전혀 감을 잡지 못한다는 사실에 주목하라. 10억이라는 수가 도대체 얼마만큼인지 당신은 절대로 헤아리지 못할 것이다. 자, 그러면 이제 아주 짧은 순간만이라도 현재 지구상의 인구를 생각해보라.

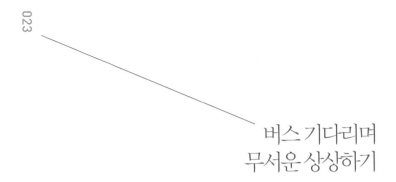

023

버스 기다리며
무서운 상상하기

소요시간 **5~10분** / 도구 **버스정류장** / 효과 **안도감**

기다림에는 두 가지 얼굴이 있다. 우선 하나는, 편안한 마음으로
마냥 기다리는 것이다. 그 순간이 될 때까지 참을성 있게 그냥 있으
면 될 뿐, 다른 건 필요 없다. 이러한 수동성은 어찌 보면 기쁨의 원
인이 될 수도 있다. 어쨌거나 시간은 흘러가게 마련이라는 확신 속
에는 사람을 편안하게 만드는 뭔가가 있기 때문이다.

한편, 기다림은 공포를 줄 수도 있다. 앞으로 벌어질 일들은 이
론적으로 철저하게 통제될 수 있는 것이 아니고, 모두 예측할 수
있는 것도 아니기 때문이다. 실험을 통해서 이 불특정의 공포가 어
떤 것일지 한번 체험해보라. 이 두려움을 눈앞에 펼쳐놓고는 돋보

기로 보듯 확대시키고, 그 강도나 길이도 더욱 증폭시켜보라.

당신은 지금 버스정류장에 서 있다. 버스가 도착하기 전에는 여러 가지 불안한 순간들이 찾아오곤 한다. 당신은 버스를 정확하게 얼마나 기다려야 할지 모른다. 버스가 꽉 막힌 도로 위에 갇혀 있을지도 모르고 갑작스런 고장으로 멈춰 있을 수도 있다. 아니면 예상치 못한 시위로 어찌할 바를 모르고 있을 수도 있다. 그러면 당신은 영락없이 약속에 늦을 것이다. 다른 교통편을 찾아야 할 것이고, 전화로 미리 양해를 구해야 할 것이고, 약속에 늦은 이유를 구구절절 설명해야 할 것이고, 거기다 일정이 아예 다 꼬여버릴지도 모른다. 하루 종일 지각 사태에 빠져 정신 없이 시간을 보낼 수도 있다. 지각 때문에 속출할 갖가지 에피소드들이 눈에 선하다.

이와 같이 흔하고 사소한 불안감에서 출발하라. 훨씬 강도 높은 내용으로 바꿔보자. 테러범들이 버스를 탈취했고, 버스는 폭탄을 가득 실은 채 브레이크도 없이 질주해 오고 있다고 상상해보라. 손 쓸 틈도 없이 참혹한 사태가 줄줄이 이어질 것이다. 어쩌면 신종 바이러스나 치명적인 화학무기가 실려 있을지도 모른다. 거기다 버스 기사는 외계인이고, 승객들도 모두 공범일지 모른다. 앞선 정류소에서 버스를 탄 승객들이 모조리 비명횡사했을지도 모를 일이다.

더 부풀리고 더 과장해보라. 이 모든 상상들은 황당하기 짝이 없

다. 그리고 당신도 그걸 믿지 않는다. 하지만 그런 건 별로 중요하지 않다. 콧방귀를 뀌며, 잠시 후 버스가 아무 일 없이 내 앞에 와서 서리라 믿는다 해도 상관없다. 중요한 것은, 지극히 사소한 두려움이라도 그런 두려움을 통해 확실성으로부터의 일탈을 체험해보는 것이다. 그런 황당하기 그지없는 상상을 했다는 것만으로도 남는 게 있다. 있을 법하지 않은 그런 사건에 대한 막연한 상상만으로도, 정상적으로 이어지던 일상에는 미세한 균열과 틈이 생길 수 있다는 사실이다.

버스가 도착했다. 당신은 버스에 오른다. 모든 게 정상인 것 같다. 휴우, 안심이다. 하지만, 정말로 그럴까?

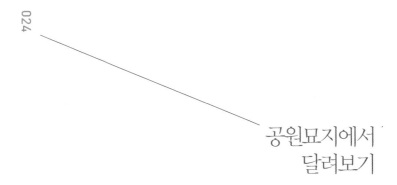

024

공원묘지에서
달려보기

소요시간 **1시간** / 도구 **운동화, 넓은 공원묘지** / 효과 **경건함**

공원묘지는 평화롭고 고요한 곳이다. 묘지 내부는 명상은 물론이고, 온갖 상상의 나래를 펼치기에도 맞춤인 장소다. 여기저기 꽃은 많은데, 사람들은 없다. 이중의 장점이다. 드문드문 눈물을 훔치는 참배객 몇 명과 정원사들이 보일 뿐이다. 이들은 모두 해야 할 일을 하는 사람들이다. 간혹 산책하는 사람들이 눈에 띄기도 하고, 묘비명과 무덤에 남다른 취향을 가진 묘지 애호가들도 아주 드물게 보인다.

이런 곳에서 오래달리기 체험을 한다는 것은 괴상하게 보일 수 있다. 그건 엉뚱한 곳에서 소란을 피우는 행위고, 바보 같은 짓이다.

경범죄에 해당하지는 않지만, 사람들의 손가락질을 받을 만한 일이라는 점에서 벌금고지서가 날아올 수도 있고, 범칙금을 납부해야 할지도 모른다. 아니면, 슬픔에 잠긴 가족들과 땅속 고인에 대한 모독죄, 또는 법전에는 안 나와 있지만 누구나 동의하는 미풍양속을 해친 풍기문란죄가 될 수도 있다.

또한 묘지 달리기는 좀 더 심오하고 규정짓기 어려운 이유들 때문에도 용납이 불가능하다. 즉 세상에는 누구나 지켜야 하는 질서가 있고, 산 자와 죽은 자는 각자 맡은 바 도리가 있다는 식의 이유들이다. 고이 잠든 부동不動의 망자들 앞에서, 산 사람들은 되도록 부동자세를 취해야 한다는 것이다. 산 자들은 움직이고 죽은 자들은 움직이지 않는다. 그렇다고 대놓고 이런 식의 비교를 하는 것도 썩 좋아 보이지는 않는다. "한평생 살다간 이들이 꼼짝 않고 말없이 누워 있는 곳이니, 소리를 지르거나 방정맞게 움직이지는 마시길. 무덤 사이를 뛰어다니는 자는 초법적인 심판에 회부될지도 모릅니다."

그렇다고 위축되지는 말라. 장애물이 있으면 돌아가고, 어색한 감정은 극복하라. 그러다 보면 조금씩 괜찮아질 것이다. 제일 먼저 해결해야 할 것은 현실적인 문제들이다. 묘지 내부 길에는 주로 자갈이 깔려 있어 울퉁불퉁하므로 좋은 운동화를 준비해야 하고, 아기자기한 묘지보다는 널찍한 공원묘지를 선택해야 한다. 시골에 있는 묘지들은 대부분 가족 묘소들로, 한가로이 거닐기는 좋지만 좁게 난 사잇길이기 때문에 달리기에는 절대 부적합하다.

자, 이제 당신은 드디어 이 이상한 체험을 시작한다. 처음에는 몰상식하고 엉뚱한 짓을 한다는 어색함과 찜찜함이 뒤통수를 잡아당긴다. 보통사람이라면 누구나 그렇게 느낄 것이다. 당신 머릿속에는 목관 속에 길게 누운 유골들이 떠오른다. 서로 엉켜 첩첩이 쌓인, 쪼그라들고, 축축하고, 칙칙한, 이제는 아무도 기억해주지 않는 유골들이다. 아울러 당신의 경쾌한 뜀박질이 유골들과 어설프게 포개지는 것 같다. 이제는 화석이 되어버린 딱딱한 유골 사이로 이렇게 뛰어다녀도 되나 하는 생각이 절로 든다. 영 익숙지가 않다.

하지만 이런 괴리감을 맘껏 즐겨보는 것은 유익할 일이 될 수 있다. 누가 뭐라 해도 당신은 살아 있고, 달릴 수 있고, 즐겁게 운동을 하고 있다. 그러나 저기 누운 자들은 그렇지 못하다. 참으로 딱한 일이다. 하지만 당신의 상황은 이보다 더 좋을 수 없다. 혈관에 뜨거운 피가 흐르고, 심장이 뛴다. 그들은 전혀 알지 못하는 것이다. 그들은 시간과 삶의 바깥에 놓여 있다. 그런데 당신은 두 발을 땅에 디디고 따뜻하고 부드러운 공기 속에서 달리고 있다.

이것이 바로 이 체험의 첫 번째 관문이다. 이 과정을 거쳐야만 비로소 흥미를 느낄 수 있다. 이제, 그들과의 비교를 통해 느끼는 이

내키지 않는 기쁨을 조금씩 없애려고 노력하라. 오로지 달리는 데에만 집중하다 보면, 당신은 점점 자신이 움직이지 않고 있다는 느낌이 든다. 즉 움직임과 멈춤 사이의 경계가 없어진다. 다리를 아무리 크게 벌리려고 해도, 아무리 규칙적으로 달리려 해도, 숨을 아무리 크게 내쉬려 해도 소용이 없다. 모든 것이 부동에 사로잡혀 있다.

이때 당신이 느낄 수 있는 것은, 움직임 속에 부동성이 존재하고, 달리기 속에 정지가 자리한다는 사실이다. 아울러 위반 속에 존경이 있다는 사실도 알게 된다. 당신은 망자들에게 누를 끼치는 것이 아니다. 망자의 이름은 물론 예우 따위도 전혀 신경 쓰지 않고 무덤 사이를 뛰어다니는 당신은, 심지어 그들을 사랑하고 있다.

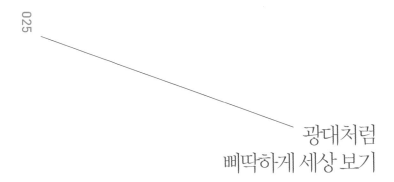

025

광대처럼
삐딱하게 세상 보기

소요시간 **30~40분** / 도구 **복잡한사회** / 효과 **즐거움**

광대라는 사람들이 있던 시절, 평범한 사람들에겐 이렇다 할 오
락거리가 없던 시절에 광대들의 놀잇감은 무엇이었을까? 그 시절
에 광대의 조롱을 피해갈 수 있는 사람은 아무도 없었다. 그들은 예
의범절 따위는 전혀 개의치 않는 사람들이고, 큰 소리로 떠들고 막
무가내로 웃어댔다. 그리고 늘 떠돌아다니는 것이 그들의 운명이었
다. 그들은 사람들과 관례를 통째로 뒤흔들 수 있었다. 떠돌이 무법
자였던 그들은 이 길 저 길, 이 강 저 강을 휘젓고 다녔고, 예법과 규
범을 무시했다. 성상聖像을 뒤옆고, 종교적 관례를 풍자했고, 교회의
성스러운 권위를 비웃었다.

당신도 그렇게 해보라. 그런데 지금은 옛날처럼 마구마구 소리를 지를 수 있는 강변이나 길거리가 없다. 만약 당신이 그런 모험을 감행한다면, 당장 철창행이 될지도 모른다. 따라서 다른 방법을 강구해야 한다. 비평가, 시사평론가, 작가, 소설가, 예술가, 영화인, 음악가, 곡예사가 되어보라. 쉽게 말해, 좀 삐딱해지라는 말이다. 이 시대를 뒤흔들기 위해 있는 힘껏 노력해보라. 역사를 뒤집는 것까지 꿈꿀 필요는 없다. 그저 여기저기 가는 곳마다 사소한 분란거리를 만드는 것으로 충분하다. 잘 짜인 기획들을 망쳐버리고, 예상치 못한 사태를 조장하고, 사람들의 기대를 빗나가게 하라. 순응하지 말고 악착같이 이 사회를 역주행하라.

물론 이따금씩 여러 가지 규칙과 권위에 굴복해야 할지도 모른다. 소심해서든, 비겁해서든 혹은 아첨이든 간에 특정 권위 앞에서는 비굴해질 수도 있을 것이다. 하지만 그런 건 하나도 중요하지 않다고 생각하라. 당신 마음속 어딘가에 절대 굴복하지 않겠다는 확신만 있다면, 가끔씩의 전략적인 순응은 허용될 수 있다.

몸을 움직일 여지를 장기적 관점에서 고민하고 마련하라. 삐딱하게 행동할 줄 알아야 한다. 체스판의 '미친놈fou(대각선으로만 움직이는 말. 광대라는 뜻도 있다 - 옮긴이)'처럼 행동해라. 다시 말해, 죽어라고 사선으로만 움직이는 것이다. 옆으로 게걸음 치고, 돌아가지 말고 지름길만 찾아 다녀라. 매일같이 이렇게 하다 보면, 오히려 큰 어려움은 없을 것이다. 어떤 질문이든 최고로 엉뚱하고, 가장 예측불허한 대답만 하는 버릇을 들여라. 그런 대답으로 직접 실습도 해보라. 그리고는 어떤 결과가 빚어지는지 관찰하라.

진정한 광대의 경지에 오르는 데 있어, 가장 오랜 시간이 걸리고 가장 힘이 드는 과정은 이 세상에서 진정으로 진지한 것은 아무것도 없다고 생각하게 되는 것이다. 이 지점에서 세상을 바라보면, 삶, 죽음, 인류, 사랑, 우주, 성실함, 글쓰기, 돈, 직업, 몸, 사상, 정치 등도 어떤 의미에선 가소롭기 그지없다. 하지만 다른 어떤 것보다 가장 힘든 과정은 웃음 그 자체와 장난기, 그리고 광대들을 잊지 않는 것이다.

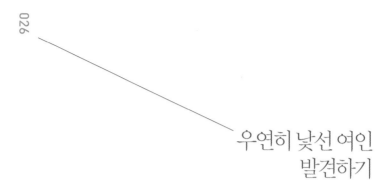

우연히 낯선 여인 발견하기

소요시간 **몇 초** / 도구 **우연한 기회** / 효과 **몽상**

그녀는 어떤 생각에 잠겨 있거나 설거지를 하고 있다. 길거리를 내다보거나 담배를 피우고 있다. 이따금씩 하늘의 구름을 올려다보기도 한다. 아니면 빨래를 넌다. 스무 살일 수도 있고 예순 살일 수도 있다. 가난할 수도 있고 돈이 많을 수도 있다. 아름다울 수도 있고 그렇지 않을 수도 있다. 그녀가 당신을 쳐다보고, 둘의 시선이 마주친다. 반대로, 그녀의 옆모습이나 멍한 시선만 보일 수도 있다.

당신의 자세도 아주 다양하다. 이층에서 여자를 내려다볼 수도 있고, 같은 눈높이에서 또는 아래에서 바라볼 수도 있다. 길을 가다 무심코 올려다봤는데 그녀가 있을 수도 있다. 여자의 얼굴이 선명

098

히 보일 수도 있고, 고개를 숙이고 있거나 커튼에 가려져 있어 상체만 보일 수도 있다. 당신은 여자의 옷차림, 봉긋한 가슴, 둥근 어깨 실루엣, 팔뚝 살을 또렷이 분간할 수도 있다. 아니면 희미하게 윤곽만 보일 뿐 분명한 것은 하나도 없이 그림자처럼 보일 수도 있다. 아무래도 상관없다.

어떤 상황이든 당신의 느낌은 동일하다. 지금 당신은 한 낯선 여인을 순간적이고 부분적으로 응시하고 있는 것이다. 그녀의 존재는 창틀 안에서만 보인다. 물론 당신은 그녀에 대해 아는 것이 아무것도 없다. 당신은 그냥 지나가는 행인이다. 두 사람 사이에 무슨 일이 일어날 가능성은 지극히 희박하다. 그녀는 그저 하나의 꿈이거나, 순간적인 환상일 수밖에 없다. 그뿐이다. 당신은 그걸 잘 알고 있다.

그렇다고 상상으로 영화 한 편 찍지 말라는 법은 없다. 그녀가 당신을 보았고, 당신에게 신호를 보냈다. 당신은 그렇게 그녀와 만난다. 기대하지 않았던 사연이 당신과 그녀 사이에 만들어질 것이다. 지독하고도 달콤한 열정, 앞을 내다볼 수 없는 사랑, 하늘이 도운 사랑, 다정다감한 만큼 음란한 사랑이 펼쳐질 것이다. 그녀도 첫눈에 그걸 예상했을 것이다. 세상에는 우리가 결코 이해할 수 없는 사건들, 즉 순간이 모든 것을 영원히 결정짓는 그런 불가해한 사건들이 있다는 것을 우리 모두 알고 있듯이 말이다.

　여기까지는 한 남자가 쓴 시나리오다. 여성 관객을 위해서는 내용을 좀 바꾸어야 할 것이다. 아니, 처음부터 다시 써야 할지도 모른다. 욕망과 시선, 성적 취향과 표현이 교차하는 이런 특이한 분야에서는, 위와 같은 모방작에 대해 섣부른 판단을 내릴 수가 없다.

　길모퉁이가 눈앞이다. 아무 일도 없었다. 일상은 계속된다. 그럼 다음 기회에 또.

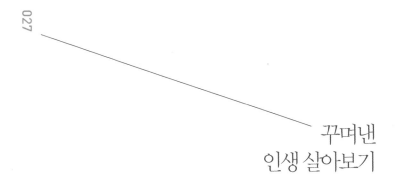

꾸며낸
인생 살아보기

지속시간 **몇 개월** / 도구 **없음** / 효과 **당황스러움**

프랑스 사람들은 흔히 "당신은 한번밖에 못 살아봤잖아"라고 말한다. 다른 나라에서는, 전생이라는 게 있어 사람은 여러 번 태어난다고 확신하는 사람들도 있을 것이다. 어떻게 생각하든 상관없다. 당신은 세포를 증식시키듯 당신의 인생을 여러 개로 만들어볼 수 있고, 몸소 경험할 수 있다. 이런 체험은 비교적 오랜 시간을 요하지만, 그 효과는 그만한 시간을 투자할 가치가 충분한 것이다.

여러 가지 삶을 제작하기 위해서는 몇 주에 걸친 체계적인 노력이 필요하다. 새로 온 미용사에게 디트로이트에서 택시 운전을 하다가 뉴욕에서 피자 배달을 했었다고 말하라. 먼 친척뻘 되는 누이 조카들과 함께 당신이 모르는 장소들, 당신이 택할 수도 있었던 다른 직업들(전혀 불가능한 일도 아니었다!), 크고 작은 모험들, 스나크 사냥(《이상한 나라의 앨리스》의 작가 루이스 캐럴이 쓴 소설의 제목. 스나크는 소설에 나오는 무시무시한 바다괴물이다 – 옮긴이), 안개 낀 부두(장 가뱅, 미셸 모르강 주연의 1930년대 프랑스 흑백 영화의 제목 – 옮긴이) 따위를 이야기해보라.

그럴듯한 이야기를 늘려수어야 한다. 이 직업 저 직업을 전전한 이야기에만 그치지는 말라. 같은 이야기도 여러 번 되풀이하라. 에 피소드를 아름답게 윤색하라. 구체적인 디테일을 덧붙여라. 허술한 부분은 메우고, 너무 황당한 부분들은 삭제하라. 같은 사람에게 같은 이야기를 끈질기게 계속하라. 단, 당신 자신이 헷갈리는 지경에 이르러서는 안 된다. 필요하면 메모를 해두고, 카드로 정리하고, 자료도 수집하라. 줄기차게 밀고 나가야 한다.

이렇게 몇 달이 지나면, 당신도 이 그럴듯한 인생과 친숙해질 것이다. 그동안 수많은 질문에 대답하고 수차례 설명도 했으리라. 당신은 자신의 다양한 전기들을 구성하는 핵심 에피소드들을 묘사하고, 서술하고, 수정하고, 반복해왔을 것이다. 무엇보다 당신 이야기를 당연히 사실로 믿는 사람들을 확보했을 것이다. 이들은 다른 사람들에게 당신에 대한 이야기를 들려줄 수 있을 뿐 아니라, 당신을 당신이 만들어낸 인생에 딱 들어맞는 사람으로 소개할 수 있다. 그들은 당신의 이야기를 믿는다.

그렇다면 당신이라고 믿지 말란 법이 있을까? 이 모든 게 진짜라고 생각되고, 당신이 꾸며낸 허구의 삶과 당신이 살아온 진짜 삶의 경계가 희미해지는 지경에 이르러야 한다. 무슨 말이냐 하면, 말도 안 되는 억지나 순간적인 실성이 아니더라도, 당신이 습관적으로 당신의 '진짜 인생'으로 믿는 삶이 사실은 여러 가짜 인생들 중 하나에 불과하다고 생각하게 되는 경지에 올라야 한다는 것이다. 하나의 허구 이상도 이하도 아닌 것, 인생이란 바로 그런 것이다.

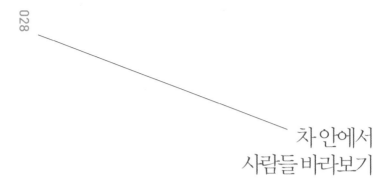

028

차 안에서
사람들 바라보기

소요시간 **10~40분** / 도구 **자동차, 운전자, 대도시** / 효과 **투명인간**

이 체험은 승객 입장에서 이루어지는 것이다. 직접 운전을 할 때는 자동차나 운전동작, 안전 등에 신경을 써야 하기 때문에 마음 놓고 바깥 구경을 할 수 없다. 반면, 운전자가 따로 있을 경우 동승자는 아무도 모르게 맘껏 시선의 나래를 펼칠 수 있다. 어느 한 곳에 집중하지 않고 꿈꾸는 듯한 시선에 모든 걸 맡기면 된다. 자동차의 승객은, 애써 움직이려 하지 않아도 움직일 수 있고, 비교적 빠른 속도로 공기를 가르며 지나갈 수 있으며, 다른 사람에게 들키지 않고도 뭔가를 바라볼 수 있는 위치에 있다. 뭔가를 훔쳐보는 자에게는 더없이 좋은 환경인 것이다.

이제, 택시나 친구 차의 뒷좌석(사실 누구 차를 타든 상관없다)에 올라타 차가 가는 대로 따라가보자. 이왕이면 대도시가 좋다. 하늘을 나는 마법의 양탄자 위나 지면을 스치듯 떠다니는 공기 주머니 같은 것 속에 앉아 있다고 상상해보라. 사람들은 당신을 보지 못하지만, 세상은 당신 눈앞을 차례로 지나간다. 당신은 사람들 사이를 지나가지만 그들은 당신을 알아차리지 못한다.

당신은 그들 삶의 몸짓, 의혹, 근심, 초조, 욕망, 기대를 읽어낸다. 옷차림, 걸음걸이, 엉덩이, 어깨, 나이, 머릿결, 고단한 모습들, 이 모든 것이 눈앞을 스친다. 그런데 모든 게 뒤죽박죽 섞이고 변형되어 있는 저 깊은 곳 어딘가에서 결코 잊히지 않을 시선 하나가 불쑥 나타난다. 그것은 딱히 시선이 아니라, 생전 처음 보는 한 여인의 완벽한 실루엣일 수도 있다. 북받쳐 오르는 싸구려 감정들, 영원하리라 믿었지만 금세 잊혀간 것들이 스쳐 지나간다.

살아 있는 육신들, 수많은 사연과 근심을 겪어내고 수많은 미래를 꿈꿔온 존재들이 저 밖에 있다. 당신과 이들 사이에는 차창과 달리는 자동차만 있다. 당신은 언제든 창문을 열 수 있다. 하지만 그렇게 스쳐 지나갈 수밖에 없을 것이다. 다른 나라나 다른 대륙 등 다양한 장소에서 이 체험을 다시 시도해보라. 그리고 당신이 원하는 결론을 이끌어내라. 결론 역시 다양할 것이다.

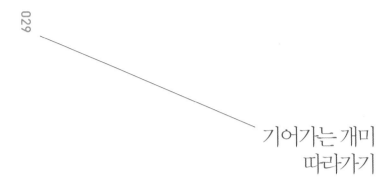

029

기어가는 개미
따라가기

소요시간 **약 30분** / 도구 **개미집** / 효과 **반성**

누구나 한 번은 경험해본 일이다. 하지만 이 체험은 시간이 지나
도 여전히 효과가 좋다. 오랫동안 개미 행렬을 바라보고 있으면 생
각할 거리가 생긴다. 규칙적으로 줄기차게 기어가는 개미들을 유심
히 들여다보라. 이제껏 100번쯤은 해본 일이라 하더라도, 개미 행
렬이 어떻게 이어지고, 어떻게 교차하며, 가느다란 행렬이 어떻게
일정한 길을 만들고, 그 길은 또 어떻게 움직이는지 자세히 관찰하
라. 가장 일반적인 행렬의 윤곽, 한 마리 한 마리가 보여주는 미세한
편차들, 잠시 뒤로 물러났다 다시 전진하는 개미들의 모습에 골고
루 주목하라. 비범하게 움직이는 개미들, 자기 몸보다 훨씬 큰 짐을

옮기는 신기한 개미들도 놓치지 마라.

그리고 이 주제에 관련해서 누구나 한 번쯤 해봤을 가장 진부한 생각들을 다시 한 번 반추해보라. 즉 어떻게 하면 그런 삶을 상상할 수 있을지 고민해보라. 생태계와 같이 언어 없는 사회에 대해 가졌던 생각을 다시 숙고해보라. 인간이 없는 사회는 과연 어떤 것일지 생각하며 당황스러움을 느껴보라. 개미라는 무수한 개체들로 이루어진 이 조직 사회를 한발짝 떨어진 곳에서 바라보라. 볼테르의 철학우화 《미크로메가》를, 파브르의 《곤충기》를, 플로베르의 《부바르와 페퀴세》를 다시 읽어보라.

마지막으로, 당신 스스로를 개미라고 상상해보라. 빵 부스러기 하나를 낑낑대며 짊어지고 가는 개미, 작은 돌멩이에서 미끄러져 떨어지는 개미, 깨진 병조각 앞에서 우회하는 개미라고 상상해보라. 당신이 어디를 향해 가고 있는지 알 수 있는가? 당신이 완수해야 할 임무가 무엇인지 어떻게 알 수 있는가? 배가 고픈가? 개미가 배고프다는 것은 무슨 의미인가? 당신은 무슨 생각을 하고 있는가? 개미가 생각한다는 것은 무슨 의미인가? 개미가 된다는 것은 결국 어떤 결과를 낳게 되는가?

당신은 이러한 의문들이 결코 해소될 수 없다는 것을 알 수 있다. 이 세상에는 자신들만의 세계를 철통같이 방어한 채, 다른 세계와는 전혀 의사소통 없이 평행선을 그리며 나아가는 사회 혹은 집단들이 있다. 그런 사회가 하나뿐이라고는 결코 말할 수 없다. 개미가 사는 세상은 인간이 사는 지구가 아니다. 개미의 세상은 지구에 포함되지도 않는다. 그저 지구상에 위치할 뿐이다. 이로부터 당신이 내릴 수 있는 결론은, 당신 눈앞에는 늘 수많은 세계가 펼쳐져 있지만 그렇다고 당신이 그 세계를 알고 있는 것은 아니라는 것이다.

결국 당신이 이번 체험을 통해 깨닫게 되는 것은 개미들이 뭔가 새로운 생각을 불러일으키지는 않는다는 것이다. 재미있는 생각은 더더욱 불가능하다.

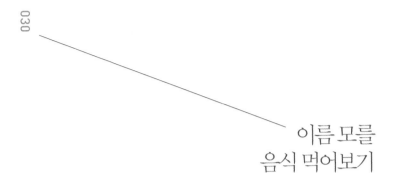

030

이름 모를
음식 먹어보기

소요시간 **몇 분** / 도구 **이름 모를 음식** / 효과 **충격**

다른 체험들과 마찬가지로, 별로 새로울 건 없다. 단지 집중해서
맘먹고 제대로 시도한다는 점이 다르다면 다르다. 순간에 파고들어
라. 그다지 특별할 것도 없는 이 순간에 어떤 일이 벌어지는지 꼼꼼
히 관찰하고, 단 하나의 동작이나 감정도 발생 즉시 집요하게 파고
들어가라. 가능한 한 깊이 파고들어야 한다! 쓸데없는 짓이라는 생
각이 들거나, 막다른 궁지에 몰리게 되어 불가피하게 포기해야 하
는 경우도 있다. 반면, 지하 갱도를 헤매다가 갑자기 깊은 수렁이나
지하 동굴, 즉 땅속 깊이 펼쳐진 어둡고 광활한 동굴에 다다르는 경
우도 있다.

당신은 이름도 모르는 음식을 먹어본 적이 많다. 아마 무심결에 한 행동이었을 것이다. 이 일은 다양한 상황에서 일어날 수 있다. 즉 관습도 언어도 모르는 어느 나라였거나, 이국적 분위기에 이끌려서, 또는 지방 향토음식이었을 수도 있고, 다른 사람 집의 식사초대 때문일 수도, 낯선 외국 향신료를 파는 가게에 들렀다 생긴 일일 수도 있다. 쉽게 말해 이름을 몰라서, 친구한테 "내가 …를 먹었는데"라고 분명히 말할 수 없는 무언가를 당신은 먹어본 적이 있을 것이다. 그럴 때면, 상황한 설명을 늘어놓고, 이런저런 비교와 조합을 통해 색깔, 생김새, 식감, 냄새, 맛을 묘사해야 할 것이다. "그게 뭐랑 비슷하냐면… 그런데 그보다는 조금 더 …하고, 냄새는 …한데, 맛은 …하고, 색깔은 …하단 말이지." 말하자면 이런 식이다.

다음에 이런 이름 모를 '그것'을 먹을 기회가 온다면, 맛을 보는 그 순간 잠시 멈추고 정확하게 무슨 일이 벌어지는지 탐색하라. 맛이 있고 없고는 중요하지 않지만 이왕이면 맛이 있는 게 더 좋다. 그래야 이런 질문을 던져보기 쉬울 테니까. "음식 이름을 모를 때, 나는 어떤 허전함을 느끼는 걸까? 맛은 나무랄 데가 전혀 없어. 여러 가지 면에서 봐도 이 음식은 모자란 점이 하나도 없단 말이지." 당신은 이름을 댈 수 없다는 사실 하나만으로 그 음식이 어딘가 이상해

보일 것이다. 이름을 모르는 한, 뭔가 부족하고 이상한 느낌을 지울 수 없고 어느 범주로 구분해야 할지도 확신할 수 없을 것이다.

당신이 그 이름을 댈 수 있게 되면, 상황은 달라질 것이다. 당신은 그 음식을 계속 좋아하게 되거나 아니면 싫어하게 될 것이다. 이름을 몰랐을 때 느꼈던 그 특징들을 이제는 다른 각도에서 판단하게 될 것이다. 그 음식은 이제 언어가 지배하는 조직체 속에, 명명 또는 호명에 동반되는 일련의 기준 지표들 속에 편입될 것이다.

이름을 알게 되었다고 해서 맛이 달라지지는 않을 것이다. 하지만 맛에 대한 태도나 맛을 생각하는 자세는 분명 변할 것이다. 이름 모를 음식들을 맛볼 때, 우리는 분명 더 많은 의혹을 품게 되고 더 많은 주의를 하게 되고, 더 조심스러워한다. 반대로, 일단 이름을 알게 된 후 음식을 먹는 것은 그 이름의 한 조각을 먹는 것이고, 언어의 부스러기들을 삼키는 것이고, 어휘 토막들을 소화시키는 행위다.

그렇다면 우리는 음식을 먹는 것이 아니라, 언어를 섭취하는 것이 아닌가 하는 의문이 들 수 있다. 우리가 뭔가 먹고 싶다고 느끼는 것은 실제로 배가 고프다는 이유도 있지만, 언어적 요인도 무시할 수 없다. 맛을 보는 '랑그langue(프랑스어로 'langue'는 '언어'라는 뜻과 '혀'라는 뜻을 모두 가지고 있다 - 옮긴이)'는 입 속에만 있는 것이 아니라, 사전 속에도 있다.

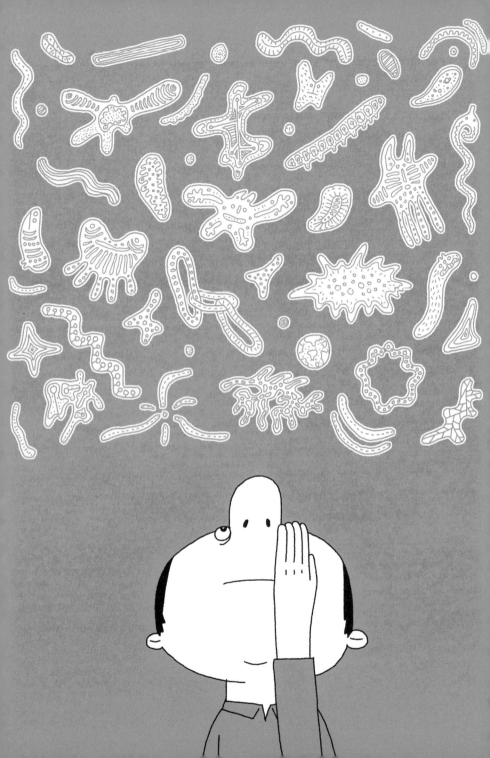

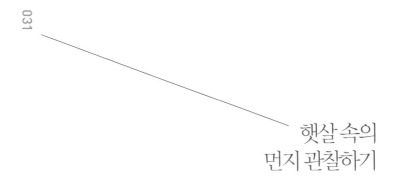

031

햇살 속의
먼지 관찰하기

소요시간 **15~30분** / 도구 **햇살이 잘 드는 방** / 효과 **안도감**

어두컴컴한 방. 닫아놓은 창문. 살짝 비틀어진 블라인드 사이로 비쳐드는 한 줄기 빛. 선명히 내리꽂히는 직사광선, 이른 아침이나 해질 무렵의 완만한 햇살. 어둠을 가르는 빛줄기 속에, 무수한 빛의 파편들이 또렷이 드러난다.

모르긴 몰라도, 인간이 감상할 수 있는 가장 가슴 설레고 가장 환상적인 광경 중의 하나일 것이다. 영롱함을 머금은 채 반사빛을 내뿜는 무수한 빛가루들이 빙글빙글 돌거나 분주히 왕래한다. 점 같기도 하고, 조그만 막대 같기도 하고, 작은 깃털 같기도 하고, 가느다란 실 같기도 한 미세 분말들이 공중에서 가볍게 흔들리며 빛을 통과한다. 그 숭고하고 장엄하고 경쾌하고 부산스럽고 돌풍에 휘말린 듯 요동치는 움직임은 도저히 따라갈 수 없는 행로를 바삐 그리고 있다. 존재의 순수한 파편들이 그려내는 미완의 궤도들을 말이다.

이 경이로운 섬광들 속에서도 가장 매혹적인 것은 단연 그 빽빽한 밀도이다. 어린 시절의 추억들, 그때 갖고 놀던 장난감, 시골집, 서랍장 냄새 따위는 접어둬라. 오직 이 감동적인 미립자들에만 완전히 빠져보라. 빛과 어둠의 경계가 너무도 또렷하고 적나라해서 꼭 손으로 만져질 것만 같다. 그 경계를 사이에 두고 우글거리는 빛의 가루들이 나타났다 사라졌다를 반복한다. 우리가 꿈꿀 수 있는 곳은 바로 여기다.

보이지 않던 세계가 갑자기 눈앞에 출현한 것 같은 그런 강렬한 경험은, 일상의 단순한 체험에서는 느껴보기 힘들다. 그 한 줄기 빛 속에서, 저 반대쪽의 다른 세상을 언뜻 발견한다. 내가 사는 세상 속에 끼어든 낯선 공간, 그것은 저 먼 곳에 존재하는 4차원 같기도 하고 세상의 보이지 않는 이면 같기도 하다. 그런 세상이 불법 침입자처럼 우리 세상으로 불쑥 난입해 온 상황. 반짝이는 먼지들이 언제 어디서나 계속해서 눈에 보인다면, 이 세상은 어떻게 될까? 보이지 않으면서도 분명 존재하는 어떤 단면이 언제 어디서나 지속되고 있는 것은 아닐까? 그곳은 우리가 이미 알고 있는 공간 속에 끼어 있기에, 우리가 다가갈 수도 있는 그런 공간이 아닐까?

우리는 다만 그 세상으로 이어지는 창을 어떻게 열어야 하는지 모르고 있던 것은 아닐까?

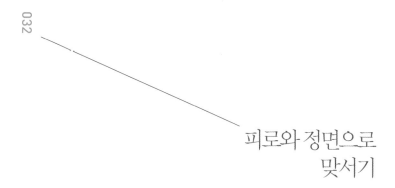

032

피로와 정면으로
맞서기

소요시간 **미정 또는 몇 시간** / 도구 **없음** / 효과 **미묘함**

산다는 건 피로와 불가분의 관계를 맺는다. 일상의 피곤을 잊고 긴장이라곤 조금도 하지 않는 순도 백 퍼센트의 진짜 휴식을 꿈꿔봐야 헛일이다. 삶은 언제나 에너지 소모를 요구하고, 피로와 마주하고 있으며, 현실적인 또는 머릿속의 피로와 직면한다. 피로의 원인은 인내다. 여기서 피로란 노력의 여파이지 우울증을 말하는 것이 아니다.

너무나 많은 사람들이 피로를 슬픈 탈진 상태, 절대 피할 수 없는 억압, 빠져나오지 못하고 허우적대는 스트레스라고 생각한다. 그들에게 피로란 지긋지긋한 전쟁이다. 힘이 달려 흠씬 두들겨 맞은 후

도저히 빠져나올 수 없는 지경에 이르러서 결국은 항복하고야 마는 그런 전쟁 말이다.

여기서 더 심각해지면, 피로는 급기야 모든 것을 집어삼키는 안개가 자욱한 바다, 혹은 살아생전 빠져나오지 못할 깊은 수렁이나 진창이 되어버린다. 이 지경에 이르는 것은 그리 어려운 일도 아니다. 지칠 대로 지친 사람들은 금세 자취를 감출 것이다. 천천히 차츰차츰 피로의 바다 속으로 가라앉는다. 시골 사람들은 옛날부터 이런 의미의 말을 사용해왔다. 즉 "저 사람 피곤해"라는 말은 조만간 그가 죽을지도 모른다는 뜻이다.

피로를 하나의 종말이나 회복불능의 탈진 상태로 간주하는 통념과 맞서 싸워야 한다. 세상은 피곤 그 자체라는 생각부터 버려라. 서로 거의 무관한 온갖 종류의 피로들을 구분해야 한다. 여러 가지 피로를 서로 구분하고, 피로와 함께하면서 그것에 저항하는 경험을 해보아야 한다. 피로를 물리치는 가장 효과적인 방법들 중 하나는 움츠러드는 것도 아니고, 마지막 남은 기력을 총동원해 몰려오는 피로에 맞서 꿋꿋이 버티는 것도 아니다. 오히려 피로와 동행하는 것이다. 피로에 정면으로 맞서지 않고 피로라는 파도에 올라타서 함께 나아가는 방법을 배워야 한다. 피로를 걸림돌이 아닌, 앞을 향해 나아가는 교통수단이나 항해수단으로 생각해야 한다.

이 피로에서 저 피로로 옮겨가는 훈련을 해보라. 여러 가지 피로를 습관적으로 서로 비교해보라. 당신에게 가장 어울리는 피로의 특징과 가장 경계해야 할 피로의 특징을 찾아내보라. 이를 위해서는 무더위 속에서 걷기 연습을 할 수도 있고, 오랫동안 잠을 자지 않을 수도 있고, 쉬지 않고 지나치게 많은 일을 해볼 수도 있을 것이다. 한꺼번에 많을 일을 해치울 수도 있고, 지금까지와는 다른 방식으로 더 많이 더 오래 사랑을 나눌 수도 있으며, 아무 일이나 닥치는 내로 처리할 수도 있을 것이다.

어떤 식으로든 피로는 물러갈 것이다. 이와 더불어 생각해볼 문제는 피로가 물러갈 것이라 생각하면 안심이 될지, 아니면 오히려 불안해질지 알아야 한다는 것이다.

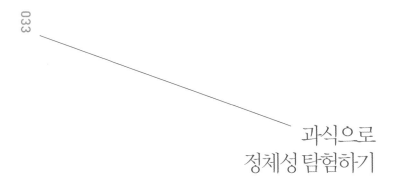

소요시간 **2~3시간** / 도구 **다량의음식** / 효과 **둥둥떠다니는기분**

계기야 어떻든 상관없다. 친구들과의 식사, 부득이한 회식, 집안 잔치, 갑작스런 허기, 프랑스 전역을 대상으로 한 정말 끝내주는 미식여행…. 먹을 것이 넘쳐나는 나라에서는, 과식을 하게 되는 상황도 이유도 아주 다양하다. 사실, 과식을 하면 속이 편치 않다. 예를 들면, 배도 빵빵하고, 머리도 무겁고, 머릿속도 흐리멍덩하고, 입안도 텁텁하다. 거기다 두통, 경련, 땀, 오한, 트림, 헛배 같은 여러 가지 불쾌한 증세도 동반된다.

이번 체험의 목적은 우연한 기회를 이용하여 실습을 해보는 데 있다. 제일 먼저 해야 할 일은, 만약 당신이 다이어트를 굳게 결심한 상태라면 그와 관련된 생각을 모조리 버리고, 이런 사태를 유발한 사람들을 절대로 원망하지 않겠다고 다짐하는 것이다. 당신 자신도, 다른 사람도 절대 원망하지 말라. 사태를 있는 그대로 직시해야 한다. 어떤 상황이냐 하면, 당신은 음식이 목구멍까지 찰 만큼 과식을 했고 몸은 주체하지 못할 정도로 불쾌하다. 자, 그러면 지금부터 어떤 일이 벌어지는지 그냥 기다려보자.

애써 거부하지도 말고 고민하지도 말고 당신이 겪게 될 수많은 변화들, 즉 무력감, 또렷함, 나른함, 명철함, 번득임, 무거움, 경쾌함 등을 따라가보라. 당신 창자 속에서 벌어지는 엄청난 양의 음식물과 본연의 상태로 돌아가려는 몸 사이의 느릿한 투쟁에 주목하라. 다시 한 번 말하지만, 위에 열거한 불편함을 불가피한 불쾌감으로 받아들이지 말고, 당신과 현실과의 관계를 있는 그대로 탐험하기 위한 출발점으로 생각하라.

예를 들어, 카술레(프랑스 남서부 지방의 요리로, 흰 완두콩과 육류를 섞어서 찐 음식이다 – 옮긴이)를 먹었을 때 나타나는 의식의 변화, 대구 요리를 먹었을 때 느끼는 특이한 몽롱함, 프라이팬에 데운 신선한 푸아그라를 먹었을 때 느끼는 화끈거림 등을 주의 깊게 관찰하라. 하지만 이런 사실들을 이용해서 '각각의 레시피 비교관찰 결과' 같은 보고서를 쓸 생각은 하지 말라. 그보다는 꾸불꾸불한 창자 속에서 알 수 없는 항해를 계속하고 있는 당신 스스로의 정체성을 따라가보는 것이 나을 것이다.

물론 당신의 상황은 시간이 지남에 따라 조금씩 달라진다. 즉 조금 전의 당신과 지금의 당신, 조금 후의 당신은 '같은 사람'이 아니다. 이제 이런 질문을 던져보자. 약간의 전분이 우리를 다른 차원으로 이동시키고 약간의 지방이 우리를 무너뜨릴 수 있는 거라면, 우리가 지금껏 그렇게 열심히 주워섬긴 자유의지, 의식, 개인, 이성, 도덕, 그 외에 거창하고 그럴듯한 거대담론들은 우리를 어떻게 변화시켰는가? 음식 몇 접시면 정신의 예리함도 그냥 무너진다. 부디 잊지 말기를.

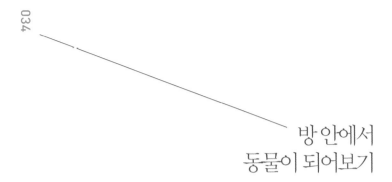

방 안에서
동물이 되어보기

소요시간 **10~20분(반복할것)** / 도구 **없음** / 효과 **변이**

방문을 걸어잠귀라. 체험이 진행되는 동안 절대 방해를 받으면 안 되기 때문이다. 주위에 아무도 없고, 사방이 조용해졌다 싶으면 당신과 가장 잘 어울린다고 생각되는 동물을 흉내 내보라. 이를테면, 개처럼 혀를 늘어뜨린 채 숨을 내쉴 때마다 목구멍에서 그르렁 그르렁 소리가 나도록 하라. 킁킁거리며 바닥의 카펫 냄새를 맡아보고, 의자나 책상다리를 물고 늘어져라. 원을 그리며 빙글빙글 돌아보기도 하고, 땅바닥에다 한쪽 뺨을 대고 몸을 쭉 뻗어보라. 팔꿈치나 팔뚝을 질근질근 씹어도 보라. 당신 능력이나 기분에 따라 고양이처럼 야옹거리고, 암탉처럼 꼬꼬댁거리고, 양처럼 메애애애거리고, 호랑이처럼 어흥거리고, 말처럼 히잉거리고, 소처럼 음메음메 소리를 내보라. 어울리는 몸짓도 함께해보라.

똑같이 흉내 내려고 하지 말라. 울음소리나 몸짓을 그대로 모사하는 것이 목적이 아니다. 아무리 똑같이 흉내 낸다고 해도 여기서는 도움은커녕 방해만 될 것이다. 중요한 것은 당신이 선택한 동물의 '처지'가 되어보는 것이기 때문이다. 그 처지가 될 때까지 그냥 기다려라. 몸을 사릴 필요는 전혀 없다. 그때를 기다리며 순간순간 필요에 따라, 으르렁대거나 끙끙거리면 된다.

숨을 거칠게 몰아쉬고, 바닥을 기어다녀라. 벽이나 바닥에 머리를 비벼대라. 침을 흘리고, 몸을 핥아라. 축 늘어져 있거나 경쾌하게 움직여보라. 필요하다면, 정신을 집중해서 이빨과 근육, 몸의 냄새도 바꾸려고 노력하라. 당신 몸에 날카로운 발톱, 기다란 주둥이, 털이나 뿔이 있다고도 상상해보라. 당신 속에서 진행되는 그 기이한 변화들을 조심스럽게 탐색해보라. 이 변화들을 극대화시키기 위해서는 반복적으로 실행하는 것이 중요하다. 결과는 예측할 수 없다. 깨달아야 할 것도 없다. 그저 모든 것을 직접 느껴보아야 한다.

어쨌든 당신이 확인하게 될 사실은 어떤 변화의 과정들은 몸소 느껴볼 수 있는 것들인 반면, 어떤 변화들은 그렇게 되는 것이 아예 불가능하다는 것이다. 늑대, 사자, 코끼리, 하이에나, 산양, 북극곰이 되어보는 것은 비교적 쉽다. 이런 포유동물의 범주를 벗어나면, 예외적인 경우나 특별한 재주가 있는 사람이 아니고는 변화를 체험해 보기가 어려운 동물들이 너무도 많다. 가령 개미나 진드기, 파리, 거미가 되어보기란 여간 어려운 일이 아니다. 뱀이나 지렁이 같은 무척추동물들도 어렵기는 마찬가지다. 수천만 종의 어류나 조류 또는 연체동물들은 이러한 순간적 흉내 내기가 거의 불가능하다. 거의 완벽한 폐쇄집단이라 할 수 있는 거대한 박테리아 왕국은 두말할 필요도 없다. 요컨대, 세상은 이렇게나 좁다.

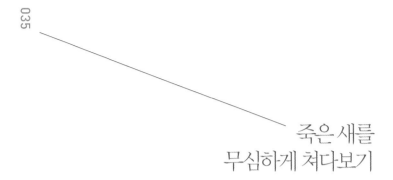

035

죽은 새를
무심하게 쳐다보기

소요시간 **10~15분** / 도구 **죽은 지 얼마 안 된 새의 시체** / 효과 **명상**

　시골에 가면 죽은 새의 시체를 심심찮게 볼 수 있다. 봄철이나 특히 한여름에는 한갓지게 이리저리 다니다 보면 꼭 한 번은 맞닥뜨리게 마련이다. 둥지에서 떨어진 새끼 새일 수도 있고, 맹금류의 공격으로 심한 상처를 입고 죽은 어린 새일 수도 있다. 아니면 사냥꾼의 총에 맞은 뒤 죽을 장소를 찾아 조용한 구석으로 기어든 어미 새일 수도 있다. 이유야 어찌됐든 상관없다. "어떻게 죽었지?" 혹은 "왜 죽었지?" 같은 질문은 하지 마라. 죽은 새를 발견하면, 가던 길을 멈추고 그냥 한번 유심히 들여다보라.

　엉클어진 깃털들을 유심히 바라보라. 대부분 먼지를 뒤집어쓰고 있거나 흙이 묻어 있다. 잿빛의, 혹은 허여멀건 눈을 들여다보라. 눈알이 빠져버렸을 수도 있다. 옆에는 개미나 다른 벌레들이 기어다닌다. 마구 흐트러진 채 꼼짝도 않는 버려진 두 다리도 자세히 보라. 뼛조각들도 찾아보라. 아주 가느다란 뼈들이 똑똑히 눈에 들어올 것이다. 자유롭게 하늘을 날아다니던 새의 입장에서 보면 흙투성이 시체가 되어 땅바닥에 나뒹굴고 있다는 것 자체가 말 그대로 치욕적인 실추이자 파멸이지만, 이 새는 지금 그 사실을 전혀 모르고 있고 이 모든 상황에서 벗어나 잠과는 다른 어떤 심연 속에 빠져 있다는 사실을 기억해라.

눈을 크게 뜨고 찬찬히 살펴보다 보면, 당신은 분명 눈앞의 모습을 서글프게 느끼기 시작할 것이다. 한 생명이 꺼졌다. 있어야 할 자리를 이탈한 시체, 꼼짝 않고 땅에 누워 있는 새는 어딘지 모르게 추락과 실패를 연상시킨다. 이 체험의 핵심은 그런 측은한 심정을 벗어나, 상황을 좀 더 명철하고 분명하게 직시하는 데 있다.

그 새가 다시 살아나는 일은 없을 거라는 사실을 당신은 잘 알고 있다. 그 새가 아무것도 느끼지 못한다는 것도 알고 있다. 그런 게 세상의 이치고, 구조요청도 불평도 아무 소용이 없다는 사실도 알고 있다. 향수鄕愁도 원망도 소용없다. 당신은 새의 시체를 바라보면 바라볼수록, 계속 이것을 들여다본다고 해서 특별히 유감스러울 것

126

도 없다는 사실을 더욱 깊이 깨닫게 될 것이다. 오직 현재만이 존재한다. 그리고 당신은 현재야말로 완벽한 것임을 비로소 깨닫기 시작한다. 현재는 유일무이한 것이기 때문이다.

쉽사리 이해가 잘 안 될 수도 있다. 엄밀히 말하면, 이것은 이해해야 할 것이 아니라 직접 느껴야 하는 것이다. 아무튼 당신이 제대로 보았다면, 결국 당신이 확인하게 될 사실은 우리가 상상해야 할 다른 세계란 존재하지 않는다는 것이다. 즉 세상 만물은 바로 여기에, 지금 존재하는 것이다. 모든 것은 현재에 주어져 있다. 지금이 아닌 예전이나, 여기가 아닌 다른 곳에는 아무것도 없다. 시공간적으로, 다른 곳, 예전, 아니 그 어떤 곳에도 지금 여기와 비교할 수 있는 것은 없다. 즉 지금 여기와 다른, 더 좋은, 더 좋아할 만한 혹은 더 유감스러운 존재는 없다. 오로지 현재만 있다.

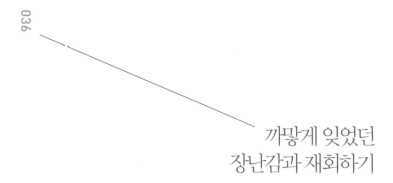

036

까맣게 잊었던
장난감과 재회하기

소요시간 **예측불가** / 도구 **어릴 적 장난감** / 효과 **자기 확장**

다락방이나 지하실을 치운다. 어릴 때 살았던 집을 샅샅이 뒤진다. 할아버지, 할머니가 남겨주신 집이나 지방에 있는 삼촌 집이면 더 좋다. 아니면 차마 버리지 못했던 낡은 궤짝도 좋다. 벼룩시장에서 우연히 샀던 물건이라면 더 엉뚱하고 색다른 재미가 있을 것이다. 그렇게 옛날 물건들을 뒤지다 보면 까맣게 잊고 있던 장난감 하나 정도는 나오게 되어 있다. 정말이지 어릴 때 이후로, 한 번도 떠올리지 못했던 그런 장난감이어야 한다. 까마득히 잊어버리고 있던 장난감.

평소 당신의 머릿속에는, 어릴 적 늘 옆에 있던 물건들의 이미지가 희미하게나마 남아 있었을 것이다. 그중에 몇 가지는 기억해낼 수도 있다. 그런데 이번에 찾아낸 장난감은 그렇지가 않다. 이건 당신의 기억에서 감쪽같이 사라졌었다. 다시 떠올릴 수도 없었고, 찾아볼 생각도 전혀 못했던 것이었다.

그런데 그 물건이 눈앞에 나타나자마자, 당신은 단번에 알아본다. 한 치의 머뭇거림도 없이, 세세한 부분까지 고스란히 기억이 난다. 친근하고, 너무도 익숙하고, 동질감마저 느낀다. 정말로 당신 것이다. 칠이 벗겨진 부분, 긁힌 자국, 연필 자국 하나하나까지 생생하게 기억난다. 살짝 금이 간 부분, 꺼칠꺼칠한 가장자리, 살짝 떨어져나간 모서리, 당신은 이 모든 것을 분명하고 확실하게, 속속들이 기억하고 있다.

그러다 갑자기 이 장난감의 세계로, 그 시절 속으로, 그 특별했던 공간 속으로 빠져드는 느낌이 든다. 당신은 이 물건에게 덥석 물려버린 것이다. 그렇다고 당신이 존재하는 현실에서 벗어나 있는 것은 또 아니다.

어떻게 이런 일이 가능할까? 생생하고 또렷하게 되살아나는 이 수많은 디테일들은 왜 까맣게 잊힌 것이면서 동시에 언제나 기억 가능한 것일까? 접근 불가능이었던 것이 어떻게 완전 개방일 수 있을까? 그건 사라지기는 했지만 지워지지는 않았기 때문이다. 그래서 시시각각 되살아날 수 있는 것이다. 도대체 그 이유는 뭘까? 현재 속에 억눌려 있고, 현재 속에 감금되어 있지만, 우리기 미치 알지 못할 뿐인 또 다른 세계들이 존재하는 걸까? 우리는 어딘가에 저장된 삶들, 언제 나타날지 모르는 잠재적인 존재들에 둘러싸여 앞으로 나아가고 있는 것일까?

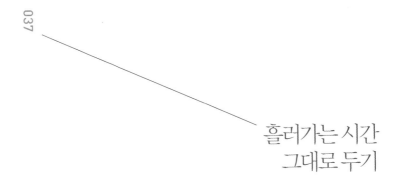

037

흘러가는 시간
그대로 두기

소요시간 **10분 또는 몇 시간** / 도구 **대기실이나 이와 유사한 장소** / 효과 **차분함**

아주 특별한 형태의 기다림이다. 당신은 다른 곳으로 이동할 수 없고, 결과도 어느 정도 예상하고 있다. 그런데도 얼마나 오래 걸릴지는 모른다. 병원이나 관공서의 대기실, 특히 파업 중인 공항이나 기차역 대합실이 적합하다. 기다리면 결국은 진료를 받을 것이고, 서류가 처리될 것이고, 비행기가 이륙할 것이고, 기차도 역에 도착할 것이다. 당신도 그걸 알고 있다.

따라서 결과가 미지수고 불안감마저 들 수 있는 여타 다른 기다림과는 성격이 전혀 다르다. 게다가 당신은 어찌 해볼 수 없는 수동적 처지에 놓여 있다. 다시 말해, 상황을 빨리 전개시킬 수 있는 능력이 당신에게는 전무하다.

당신은 일정하게 흘러가는 시간, 흘러갈 수밖에 없는 시간, 이렇게 보면 느릿느릿하고 끈적끈적한 시간의 흐름을 정면으로 맞닥뜨리고 있는 셈이다.

이런 상황을 못 견디는 사람들이 많다. 그들은 흐르는 시간과 정면으로 마주하는 것을 피해보려고 나름의 조치들을 취한다. 잡지나 소설책, 수필집 따위를 읽기도 하고, 이런저런 메모를 끄적이거나, 다이어리를 살펴보기도 한다. 괜히 가방을 정리하거나, 휴대전화로 통화를 하거나, 노트북을 켜고 일을 하거나, 멍하니 지나가는 사람들을 쳐다보기도 한다. 그들은 어떤 식으로든 시간을 보내고 있다. 이 강제로 주어진 시간을 어떤 행위나 크고 작은 생각, 다양한 잡무 등으로 채우고 있는 것이다.

이와는 정반대의 체험을 시도해보라. 즉 아무것도 하지 않는 것이다. 그렇다고 괜히 예민해하거나, 지루해하지는 말라. 시간은 당신 속에서도, 또 당신이 존재하지 않는다 해도 어차피 흘러가게 마련이라는 것을 알고 있으므로, 그냥 시간의 흐름 속에 당신을 맡겨라. 불안해하지 말고, 손가락 하나 까딱 않는 완벽한 수동성에 빠져 그저 흘러가라. 오만 가지 상황이 벌어질 수 있지만, 그 어떤 것도 당신이 원인은 아니다. 시간은 흘러가고, 이 순간도 결국은 끝이 나겠지만 당신은 텅 빈 상태, 즉 형태도 사라지고 움직일 수도 없고 만사가 무심해지고 몽롱해지는 부재 상태에 이를지 모른다. 시간은 죽일 필요가 없다. 시간은 자기 스스로 끊임없이, 그리고 무한히 죽어가고 있으니 말이다.

이것이 바로 당신이 새로이 깨닫게 된 사실이다.

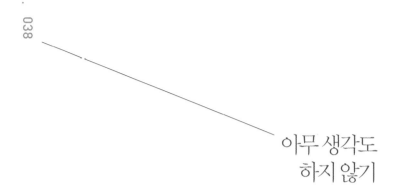

038

아무 생각도
하지 않기

소요시간 **10분, 그다음에는 20분, 그다음에는 30분** / 도구 **없음** / 효과 **없음**

이것은 한계를 시험하는 체험이다. 의식이 있고 정신적, 육체적으로 별 문제가 없는 상태에서 생각을 전혀 하지 않는다는 것은 불가능한 일이다. 설사 가능하다고 해도 그것은 극히 짧은 순간에 불과하다. 따라서 시도해볼 수는 있겠지만, 여간해서는 체험하기 어렵고, 실패 확률이 높은 실험이다. 이런 시도들은 결국 불가능으로 귀결되기도 하고, 애써 노력하지만 실패가 빤히 보이는 시도이기도 하다.

생각 안 하기란 왜 그렇게 어려울까? 이러한 체험은 우리를 인간의 테두리 바깥으로 몰아낼지도 모르고, 언어의 소굴에서 잠시나마 우리를 해방시켜줄지도 모른다. 그렇게 되면 우리는 몽롱하고 즉흥적인 상태, 순수한 삶, 거의 동물적인 상태로 내던져질 수도 있다. 아니면 초자연의 세계, 깊고 깊은 무언의 심연 속으로 빠져들게 될는지도 모르겠다. 따지고 보면 둘 다 비슷한 상황이다. 사고, 즉 생각이란 이 두 세계를 연결시키는 조립과정일지 모른다. 생각이란 백 퍼센트 초자연의 세계도 아니고, 백 퍼센트 무념무상 상태도 아니다. 생각이란 영원과 순간 사이, 또는 침묵과 말 사이, 있음과 없음 사이, 존재와 무 사이를 이어주는 하나의 방식이다.

아무튼 생각이란 완전히 멈출 수는 없는 것이다. 오직 순간적인 중단, 한계가 분명한 중단만이 있을 뿐이다. 순간적인 사고의 멈춤은 얼마든지 실행이 가능하고, 경험해볼 만하다. 이것을 몸소 체험하기 위해서는 단계적 실천이 필요하다. 부분적으로 조금씩, 점진적으로 진행해야 한다. 먼저 긴장하지 말고, 되는 대로 그냥 있어보는 것이다. 이 경우 우리의 의지라는 것은 별다른 작용을 하지 못한다. 작용을 하더라도 극히 간접적일 수밖에 없다. 이 체험은 어떤 계획을 추진하는 것이 아니다.

생각이 없다는 것은 보통 바람직하지 못한 것으로 치부된다. 따라서 실패를 미리 염두에 두는 것이 좋다. 언제라도 생각이란 놈이 우리를 다시 덮치게 될 테니 말이다. 실패는 확실하다. 따라서 조금이라도 진전이 있다면 그 자체로도 의미가 있다.

　가장 효율적인 훈련 방법은 생각들이 그냥 스쳐 지나가도록 내버려두는 것이다. 사고를 막는 것은 불가능하지만, 사고에 매달리지 않는 것은 가능하다. 저 멀리 흘러가는, 잡을 수 없는 구름처럼 생각하라. 무심한 하늘처럼 무심해지는 훈련을 하라. 맑은 하늘처럼 맑은 정신을 고수하고, 꼬리를 물고 풀려나오는 생각의 꼬투리들은 무시하라. 의식의 중심이 아닌 가장자리, 즉 의식의 틀 아래에 자리하고 눈앞에 보이는 것만 주시하라. 그 외에는 없다. 색깔, 빛, 숨결, 피부, 근육, 주변의 소리들에 대한 감각은 계속 유지하되, 그것이 의식 속으로, 특히 관념이나 담론 속으로 들어오게 해서는 안 된다. 이런 식으로 몇 차례 거듭하다 보면 결국은 순간적으로나마 청명한 하늘의 상태에 이를 수 있다. 티끌만큼의 동요도, 형체도 없는 텅 빈 빛의 상태에 말이다.

　이 성공의 순간은 찰나와도 같지만, 그 여파는 쭉 이어질 수 있다. 즉 성공의 순간을 훨씬 넘어서는 기나긴 결과가 가능하다. 성공은 순간이지만, 그 여파는 오랫동안 지속되는 것이다.

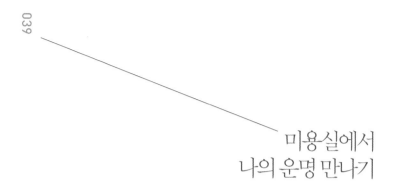

039

미용실에서
나의 운명 만나기

소요시간 **약 1시간** / 도구 **미용실** / 효과 **엉망진창**

식은 죽 먹기처럼 보인다. 미용실에 들어가면 누군가 당신의 머
리를 감기고 머리를 자른다. 약간만 다듬을 수도 있고, 왕창 잘라버
릴 수도 있고, 전혀 자르지 않을 수도 있다. 이번 체험의 목적은 이
처럼 지극히 평범한 상황이 보기보다 얼마나 복잡한지를 몸소 체험
하는 것이다.

당신은 실제로 당신의 머리카락이 당신의 몸과 전혀 별개가 아니
라고 생각할 것이다. 하지만 머리카락과 몸의 관계를 이해한다는
것은 그리 간단한 일이 아니다. 머리카락은 죽어 있는 걸까, 아니면
살아 있는 걸까? 감각을 못 느끼는 부분일까, 아니면 다른 신체 부

위와는 다른 종류의 신경이 흐르고 있는 걸까? 머리카락은 몸의 바깥에 있는 걸까, 아니면 몸속에 있는 걸까? 혹은 안과 밖의 중간에 있는 걸까?

머리카락을 자를 때 어떤 일이 벌어지는 걸까? 당신의 머리카락이 당신의 사고와 직접 연결되어 있어서 미용실을 나서는 순간 당신의 사고는 미용실에 가기 전과 달라졌을 수도 있다. 머리카락과 함께 당신의 영혼도 함께 잘려나갔다면, 이제 당신의 영혼은 알아볼 수도, 사용할 수도 없게 되어버려 당신에게서 당신 자신을 발견할 수 없게 될지도 모른다. 즉 당신 내부가 붕괴되고 해체되어 전혀 다른 사람이 되어 있을지도 모르는 것이다.

아니면 머리를 자르는 동안 당신의 외모가 완전히 바뀔 수도 있다. 코의 생김새, 눈동자 색깔, 뺨의 크기가 달라지면서 얼굴이 완전히 달라질 수 있고, 몸이 더 커지거나 작아지면서, 혹은 왜소해지거나 뚱뚱해지면서 당신 몸 전체가 변할 수도 있다.

또는 미용사들이 우리 주변의 천사들이거나, 신의 정령들이거나, 구세주일 수도 있다. 그럴 경우, 미용실을 나서는 당신은 영생의 몸이 되어 천상의 음악과 해탈과 희열에 몸을 맡긴 모습으로 완전히 탈바꿈해 있을지도 모른다.

정신 나간 사람이 되든, 구원을 받든 간에 당신은 반드시 결정적인 한순간을 겪게 될 것이다. 그것은 바로 운명과의 조우다. 이는 전례 없는 변화를 예고하는 것이기도 하다. 끔찍한 수술이나 뭐라고 설명하기 곤란한 연금술과도 비슷한 머리 자르기는 당신의 얼을 쏙 빼놓거나 해체시켜버릴 것이고, 당신은 결국 당신 내부에서 벌어진 일대 변혁의 희생물로 전락할 것이다. 당신이 이 단계까지 이르렀다고 치자. 다시 말해 당신은 지금까지의 변화를 믿는다고 치자.

이번 체험의 두 번째 단계는 위와 같은 황당한 상상들을 머릿니 방지용 샴푸로 말끔히 씻어내는 것이다. 당신은 실제로 아무 일도 벌어지지 않으리라는 것을 잘 알고 있다. 머리를 자르는 것, 그게 다다. 여간해서는 별일이 없을 것이다. 당신이 생각하는 '미적 기준'에도 아마 대충 맞을 터이다. 하지만 이러한 사소한 변화들은 하나도 중요하지 않다.

당신은 헛꿈을 꾼 것일지도 모른다. 하지만 적어도 터무니없는 상상과 현실의 차이가 무엇인지 약간은 맛보았을 것이다. 현실은 거의 늘 평범하고 진부하고 단순하고 굴곡 없이 밋밋하다. 어떻게 보면, 천만다행이다.

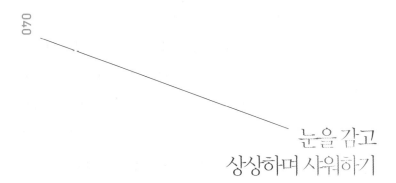

040

눈을 감고
상상하며 샤워하기

소요시간 **5~10분** / 도구 **샤워** / 효과 **평화**

당신은 샤워기의 물이 어디서 오는 건지 모른다. 당신은 두 눈을 감고 샤워기 물이 아닌 다른 물을 상상할 수도 있다. 열대 지방에서 쏟아지는 비 같은 것으로 말이다. 당신은 혼자가 아니며 다른 사람들은 당신을 바라보고 있다. 어떤 장면이 그려지기 시작하고, 곧이어 긴 사연 하나가 이어질지도 모른다. 하지만 거기서 그만. 지금은 그런 상상을 하자는 게 아니다.

똑똑 떨어지는 물방울, 폭포처럼 쏟아지는 굵은 물줄기, 빛처럼 쏟아지는 가는 물줄기를 미지근한 물속에서 그냥 느껴야 한다. 그저 느끼기만 할 뿐, 물 이외에는 보지도 말고 물소리 외에는 듣지도 말라. 미지근한 물줄기 밑에 서서, 의미도 없고 이미지도 없는 어떤 특이한 감각에 오롯이 집중하라. 물 밑에서 샤워기를 올려다보는 자세로 가만히 서 있어라. 물이 쏟아지는 얼굴의 피부가 되었다고 생각하라. 그 상태를 굳이 말로 표현하려 하지 마라. 멍한 상태로, 물의 무게 속에 당신 전체를 압축해 집어넣어보라. 오직 이 느낌에만 집중하라.

물에 완전히 녹아버리지는 말고, 축축하게 젖은 상태를 계속 유지하라. 기도, 황홀경, 망상, 방황 따위와 비슷한 것들은 모두 머릿속에서 지워버려라. 그냥 온몸이 젖은 채로 샤워기 아래 서 있어라. 그게 전부다. 때로는 샤워 이외의 나머지를 모조리 지워버리는 것이 어려운 순간들이 찾아온다. 이런저런 생각들이 꼬리에 꼬리를 물며 불쑥불쑥 끼어들기 때문이다. 이런저런 의문들이 끈질기게 들러붙기도 한다. 잡다한 근심거리들도 예외가 아니다. 그러나 물이 지나가면서 이 모든 것들이 녹아버린다. 목욕재계라는 말은 아직도 유효하다. 샤워기의 동그랗고 좁은 물줄기를 벗어나지 마라.

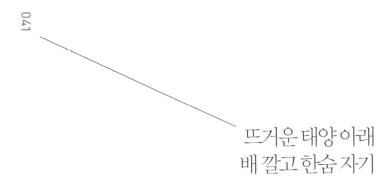

041

뜨거운 태양 아래
배 깔고 한숨 자기

소요시간 **약 1시간** / 도구 **비치타월, 되약볕** / 효과 **반항**

처음에는 가벼운 무력감과 나른함만이 느껴진다. 그러다가 땅을 누르고 있는 가슴이 점점 더 답답해지고, 호흡은 느려지고, 눈앞이 흐릿해지면서, 멀리서 들리는 고함소리들이 점점 가물가물해진다. 이제 당신의 등판을 온통 뒤덮은 열기는 포근한 이불처럼 느껴지고, 두 다리는 바짝 말라 있는 것 같다. 이 느낌밖에 없다.

살랑거리는 미풍 덕분에 무더운 열기도 그럭저럭 견딜 만하다. 당신은 빈틈없이 고르게 퍼지는 따스한 햇살의 보호막을 느낄 뿐이다. 당신의 벗은 몸은 햇살의 부드러운 품속에서 나른함을 느끼지만, 추울 염려는 없다. 이런 생각만으로도 당신은 마음이 편안해지면서 스르르 잠이 들게 될 것이다. 이제, 이 정도면 됐다.

잠시 후, 눈을 떠보면 뭔가 이상하다. 확실히 유쾌한 기분은 아니다. 당신이 지금 어디에 있는지, 왜 잠이 들었는지, 어디서부터 어떻게 움직여야 이 상황에서 빠져나갈 수 있는지 도무지 알 수가 없다. 살갗을 장악해버린 어마어마한 열기가 느껴진다. 화상을 입지 않을까 걱정될 정도다. 피부암이 걸리는 건 아닐까? 아니면 나도 모르는 사이에 흑색종이? 몸 전체에 암세포가 퍼지고 있는 건 아닐까? 당신은 시원한 커피 한 잔을 간절히 고대하며, 별 쓸데없는 고민에 빠져들기 시작한다.

고민은 그쯤에서 그만! 의학상식이나 전문가들의 충고, 불안과 절제를 팔아먹고 사는 장사치들의 상술 따위는 깡그리 무시하라. 풀쪼가리나 버섯만 먹고, 정수기 물만 마시며, 햇볕 한쪽 들지 않는 지하실에서 에어컨 바람이나 쐬는 늙은이의 삶을 온몸으로 거부하라. 시간 차는 있겠지만, 자신이 언젠가는 별볼일없이 죽을 목숨이라는 사실을 직시하라. 그날을 기다리며 지금 이 시간만큼은 당신 마음대로 원 없이 자버려라. 물론 자고 일어나서도 마찬가지다.

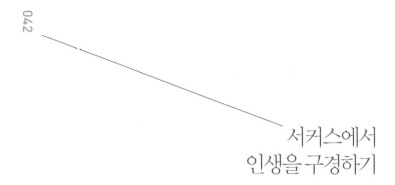

서커스에서
인생을 구경하기

소요시간 **2~3시간** / 도구 **서커스 구경** / 효과 **인간애**

서커스를 마뜩잖아 하는 사람들을 경계하라. 그런 사람들은 너무
똑 부러지고 너무 자신만만해서 인간적인 정을 느끼기 어려울 수 있
다. 혹시 당신이 서커스를 별로 좋아하지 않는 바로 그 사람이더라
도, 서커스를 이해할 목적으로 무대 가까이에서 직접 구경을 해보
라. 되도록 별로 유명하지 않고 가난한 편에 속하는 소규모 서커스
단을 선택하라. 매디슨스퀘어가든Madison Square Garden이나 P.T. 바넘
(미국의 유명 서커스단이자 흥행사 – 옮긴이) 같은 대규모 서커스단은
피하라. 그런 곳에서는 서커스에 감동을 더하는 가난과 꿈의 산물
을 확인하기가 어렵다.

소규모 서커스 공연장에는 뭔가 지저분하고 너절한 분위기가 풍긴다. 서커스장이라는 곳이 원래 그런 곳이고, 또 그럴 수밖에 없다. 무대 위에 날아다니는 톱밥, 말똥 냄새, 낡은 대형 천막의 먼지, 기름때에 찌든 소형 텐트들… 서커스장이 막힌 공간이라는 것도 중요한 사실이다. 원형 무대, 둥근 천장, 수많은 난간 장치들… 서커스는 자기 고유의 공간을 갖는다. 외부 세상과는 섞이지 않는 세상이 바로 서커스장이다. 서커스란 어떻게 보면, 인간 세상 그 자체라고 할 수 있다.

외부와 차단된 이 공간에서 환상의 나래가 펼쳐진다. 금박지와 인조보석 등 온갖 반짝이는 물건들을 사용하여 가끔은 황당하고 지극히 통속적인 방식으로 유치찬란한 서커스가 열린다. 겉만 화려한 이미테이션 장식, 과장되고 어색한 기교, 가련한 슬픔을 감춘 억지웃음… 이런 것들이 서커스에 감동을 불어넣게 되고, 이로써 서커스는 인간 세계를 그대로 재현한 전형적인 모델로 탈바꿈한다. 즉 진흙탕 속에서도 끊임없이 부질없는 꿈들을 키워나가는 곳이 바로 서커스장이다. 매일 저녁 8시 30분 그리고 일요일 오후 3시, 그들의 꿈이 시작된다.

따라서 당신은 천막으로 된 서커스장을 찾아야 한다. 잠시 줄을 서야 하고, 비싼 돈을 내고도 불편함과 옹색함, 지저분한 냄새까지 감수해야 할 것이다. 불편한 자리를 오랫동안 지켜야 하겠지만 당신은 이러한 불쾌감을 쉽게 극복하게 될 것이다. 당신은 이느새 이좁고 불편한 현실을 벗어나 곡예사의 경쾌하고 유연한 재주와 마술사의 마력을 따라가게 된다. 유리구슬 속에 파묻힌 채, 현란한 조명 아래 벅차고, 반복되는 장단에 웃음 지으며, 솜사탕에 행복해하는 그들을 꿈꾸게 될 것이다. 무대 위의 곡예사들은 당신의 눈에 아름답고 용감하고 훌륭한 인간으로 비쳐지기 시작할 것이다. 덕성으로 무장한 채 고귀한 활동을 수행하는 그들이 보통사람들보다 더 훌륭한 위인으로 보이기 시작한다. 그들의 몸은 신의 몸처럼 빛이 나고 너무도 유연하고 공기처럼 가볍고 재빠르다. 당신은 한동안 이영롱한 꿈속 세상을 떠다니게 될 것이다.

그런데 바로 그때, 가장 중요하고 가슴 벅찬 일이 벌어진다. 무언가가 삐끗한다. 공이 하나 떨어지거나, 그네를 놓치거나, 새가 꼼짝도 안 하는 것이다. 아니면 아리따운 여자 곡예사의 스타킹에 구멍이 났거나. 순간 당신은 가슴 아픈 그 무언가를 목격하고 만 것이다. 자부심과 긍지는 땅으로 내동댕이쳐진다. 지상의 꿈은 얼룩지고 상처받은 꿈이 된다. 모든 것을 뒤집어놓은 단 한 번의 실수. 그것은 꿈을 포기하지 못하는 인간의 집요함을 보여주는 이미지다. 당신은 죽을 때까지 이 서커스를 보러 가야 할 것이다.

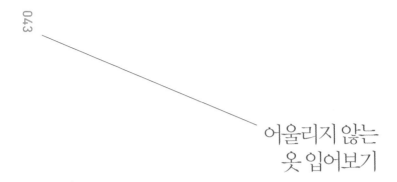

어울리지 않는
옷 입어보기

소요시간 **30~50분** / 도구 **기성복 매장** / 효과 **백일몽**

　인간의 옷이라는 것이 단순히 추위와 비, 혹은 수치심을 막아주는 용도 이상의 기능을 하기 시작한 지는 벌써 수천 년도 더 되었다. 원시인들도 단순히 보온용으로만 옷을 입었다고 보기는 어려울 것 같다. 이들의 의복도 분명 상징적 기능을 가지고 있었을 것이다. 인류학자들의 연구결과를 보더라도, 의복이 단순히 실용성에만 국한되는 사회는 없었다. 의복이란 항상 코드화의 산물이고, 권력과 규범 및 사회적 역할의 영향력과 맞물려 있다는 사실에 주목해야 할 것이다.

　우리의 외모는 무수히 변화해왔고, 그 의미 역시 다양한 방식으로 해석되어왔다. 의복은 물질적, 사회적 신분뿐만 아니라 특별한 권력 행사나 그 권력의 수용을 말해준다. 또 의복은 신분과 개성, 연령, 어울리는 역할과 그렇지 않은 역할, 반항과 복종을 드러내기도 한다. 즉 의복을 통해 우리는 많은 것을 이야기할 수 있다.

가령 이런 식이다. "저는 변두리 빈민가에 사는 청년인데, 내 또래의 부르주아들과 똑같은 브랜드의 옷을 입음으로써 무시당하지 않으려고 애쓰는 중이죠. 그런데 걔네들과는 분위기가 사뭇 다른 옷을 고르고 적절히 매치도 못하다 보니 걔들 눈에는 좀 이상해 보일 수도 있겠죠. 근데 그게 이상하다는 것도 사실 난 잘 몰라요." "나는 부자 동네에 사는 부르주아 아줌마예요. 아이들도 다 컸고, 남편도 애인도 다 따분해요. 그러니 나를 좀 유혹해보세요. 당신이 호텔 지배인을 어떻게 다루어야 하는지만 잘 안다면 말이예요."

한번 여러 가지 옷을 입어보라. 옷가게에서 옷을 사기 위해서가 아니라, 예상치 못한 당신의 외모를 이리저리 탐험해보기 위해서다. 평소에는 당신에게 잘 어울리는지, 당신 취향이나 사회적 지위 혹은 당신의 체형, 당신이 상상하던 바에 잘 부합하는지 알려고 했겠지만, 이번에는 그런 것들은 모두 무시하고 아주 엉뚱한 옷들을 입어보라. 아주 젊은 애들이나 늙은이들이 입는 옷, 너무 화려하거나 너무 촌스러운 옷, 속이 훤히 비치거나 너무 점잖은 옷들도

그냥 입어보라. 요컨대 당신과는 어울리지 않고, 너무 튀고, 아무리 봐도 영 아닌 그런 옷들을 입어보라. 입고 거울 앞에 서면, 웃음이 절로 나오는 그런 옷들을 말이다.

종이 인형에다 온갖 종류의 해괴한 옷들을 걸쳐보는 아이들의 놀이와 비슷한 모습이라고 생각하라. 당신이 바비 인형이나 바비의 남자친구 캔이라고 상상해보라. 록 가수, 외교관, 장사꾼, 래퍼, 농부, 푸줏간 주인, 그래픽 디자이너, 오리 사냥꾼, 지식인, 청소부, 축구선수, 기업체 중역처럼 차려입은 당신의 모습을 상상해보라. 옷을 갈아입을 때마다 말투, 밥 먹는 태도, 사는 집, 취미, 여행 등등 그에 어울리는 삶을 그려보라. 그러고는 입고 벗어놓은 옷들을 옷걸이에 살며시 걸어둬라. 물론 옷가게 종업원에게 감사 인사를 잊지는 말아야 한다.

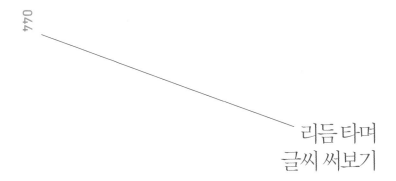

리듬 타며
글씨 써보기

소요시간 **20~30분** / 도구 **좋은 종이, 좋은 펜** / 효과 **정신집중**

글씨 쓰기는 지적인 활동이 아니라, 그저 손이 움직이는 것일 뿐
이다. 아마도 손의 가장 중요한 활동이 아닌가 싶다. 우리는 우리가
생각하는 바, 이미 알고 있는 의미, 또는 이미 의도된 의미 따위를
종이 위에 쓴다. 하지만 이런 내용들은 글자를 또박또박 쓰고, 글자
의 윤곽을 정확하고 예쁘게 그리고, 직선과 곡선, 원과 점의 미세한
균형을 맞추기 위해 신경을 쓰는 것보다는 훨씬 덜 중요해 보이고,
우리 자신도 관심을 훨씬 덜 갖는 것 같다.

이를 입증하기 위해 가장 먼저 해볼 일은, 정신을 집중하여 일정
한 리듬에 따라, 머리에 떠오르는 가장 흔한 문장들을 틀리지 않게

그리고 글자가 삐뚤어지지 않도록 신경 쓰면서 적어보는 것이다. 거듭 말하지만, 당신이 적고 있는 글의 의미 따위는 중요하지 않다. 언어기호 속에 담겨 있는 내용물, 소위 '의미'라고 하는 것은 가장 높은 중요도를 갖는 것은 아니다. 여기서 진짜 중요한 것이 있다면, 그것은 글자체의 규칙성, 즉 글자들이 일정한 리듬에 따라 쓰이고 있는가 하는 것이다. 다시 말해, 글자 하나하나가 읽기 쉽게 분명하고 반듯하며 나름의 균형을 유지하면서 다른 글자들과는 질서정연하세 이어지고 있는가 하는 것이다.

당신의 근육이 정확하고 섬세하게 움직이고 있는지, 볼펜이나 만년필이 순간순간 어떻게 이동하는지에 주의를 집중하라. 중간에 멈추지 않도록 신경 쓰고, 한 문장이 끝나고 다음 문장이 시작되는 지점에서도 멈춤 없이 자연스럽게 이어지도록 하라. 일정한 리듬을 유지하라. 당신이 어떤 내용의 글을 쓰고 있는지는 중요하지 않다. 글자를 쓴다는 것 자체로 충분하다. 빨리 쓰다가 천천히 쓰다가 하지 말고, 일정한 속도를 유지하라. 글씨는 공을 들여 잘 가다듬어야 하고, 흐름 자체가 물 흐르듯 변함없이 일정해야 한다. 글씨체도 최대한 일정해야 한다. 전자동 글쓰기 기계처럼 거의 완벽에 가까운 연속성을 획득해야 한다. 거듭 말하거니와 가장 중요한 지침은, 당신의 의지를 점점 더 차단시키면서 글자와 단어들만이 한 치의 오차도 없는 완벽한 일관성에 따라 종이 위에 수평으로 나란히 자리 잡게 만드는 것이다.

머릿속에 떠오르는 대로 아무거나 써도 상관없다. 어릴 적 추억, 장보기 목록, 처음 들은 욕설, 경찰 조서를 흉내 낸 글, 휴양지에서 보내는 엽서, 혼자 하는 고백, 연애편지, 세금신고서, 교통사고 진술서 등등. 무엇을 쓰든, 문장의 의미는 신경 쓰지 않는 것이 제일 중요하다. 의미가 무엇이건, 모든 문장은 그저 글씨를 계속 써보기 위한 도구라고만 생각하면 된다.

이번 체험의 요점은 한 줄 한 줄 써내려간 문장들, 한 쪽 한 쪽 채워진 글자들이 문장의 의미, 즉 문장이 말하고자 하는 것과는 무관하다는 사실을 실감해보는 것이다. 한편에서는 개념과 통사 구조, 감정들이 부산스럽게 떠들고 있고, 이런저런 의미들이 와글거리며, 의미의 일관성과 의미의 충돌이 끊임없이 발생하고 있다. 그런데 다른 한편에서는(이것을 다른 '한편'이라고 말할 수 있을까?), 계속 이어져야 하는 단 한 가지 이유, 즉 변함없이 자기 모습을 유지해야 한다는 반복 원칙에서 비롯한 전자동 글쓰기 기계가 미친 듯이 돌아가고 있다.

이제 당신은 우리가 하는 말과 생각이 이중적이라는 사실을 경험했을 것이다. 우리가 사용하는 익숙한 의미들, 웬만큼 알고 있는 터라 마음대로 가져다 써도 부담이 없었던 그 의미의 이면에 뭔가 비밀스러운 것이 존재한다는 사실을 당신은 알아챘을지도 모른다. 그것은 너무 무궁무진해서 딱 집어 규정하기는 어렵지만, 끊임없이 지속되는, 바로 글씨 쓰기라는 그 고유의 움직임이 만들어내는 일상의 글쓰기가 갖는 비밀이다. 즉 우리가 평소에 쓰는 글자들은 단어가 갖는 의미와는 전적으로 무관하다. 사상이나 정보, 감정 따위를 다루는 텍스트가 전해주는 것들과도 글자는 아무런 관련이 없다. 글자는 글자일 뿐, 그 이상도 그 이하도 아니다. 우리의 몸과 생각, 근육, 종잇장들을 가로지르는 것은 바로 끊임없이 이어지는 글자의 물결이다.

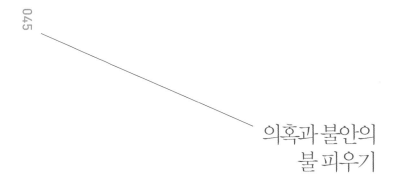

045

의혹과 불안의
불 피우기

소요시간 **15~20분** / 도구 **벽난로, 장작, 신문지** / 효과 **원시인 체험**

　벽난로에 불을 피우는 이 단순한 작업은 너무 낡아빠진 의식儀式과 같아서 당신은 어쩌면 그 의미를 잊어버렸을지도 모르겠다. 그러나 이 작업에 따르는 몇 가지 어려운 점들을 어떻게 피할지는 잘 알고 있을 것이다. 그런데 일단 지금은 당신이 이 불 피우기 행위의 의미를 모르고 있다고 가정하자. 즉 불을 피운다는 것이 무엇을 뜻하는 것인지 당신은 전혀 모른다. 또한 이 행위가 왜 항상 당신의 호기심을 부추기는지, 왜 안도감을 주는지, 왜 당신을 유혹하는 묘한 매력이 있는지도 모르고 있다.

　따라서 여느 때와 마찬가지로 움직이되, 당신의 동작 하나하나를 예의주시해야 한다. 우선, 무릎을 꿇거나 쭈그려 앉아 벽난로 아궁이부터 정리하라. 재가 말끔하게 치워졌는지, 아니면 뒤쪽으로 밀려갔는지, 공간은 충분한지, 통풍은 잘되는지 확인하라. 장작은 너무 짤막하고 뚱뚱하면 안 된다. 장작 받침쇠나 벽돌, 또는 나무토막을 이용하여 장작들을 살짝 들어 올려서 그 밑으로 공기가 잘 통하도록 해야 한다. 땔감이 난로 바닥에 들러붙지 않도록 주의하고 공간과 통로를 확보해두는 것도 같은 이유에서다.

삭은 나무 조각, 잔가지, 과일 상자나 채소 상자 부스러기 등의 불쏘시개를 적당히 집어넣어라. 낡은 신문지를(쉽게 타지 않는 잡지책보다는 신문지가 낫다) 두툼하게 뭉치거나, 몇 장을 구겨서 길쭉한 밧줄 모양으로 만들어 불쏘시개로 사용할 수도 있다. 그리고 다시 한 번 말하지만 반드시 장작 아랫쪽에 공간을 두어야 한다.

이제 종이에 불을 붙여라. 그리고 이 작은 횃불을 벽난로 정중앙에 집어넣어라. 지금부터 이어지는 몇 분간이 가장 흥미진진하다. 제일 먼저 나타나는 반응은 딱딱거리는 소리다. 이어 불꽃이 활활 타오르면서 딱딱거리거나 우지끈하는 소리들이 몇 차례 들린다. 그러고는 휙휙거리는 바람 소리 같은 것이 새어 나온다. 신문지가 다 타버리고 나면, 그때부터는 의혹과 불안의 시간이다.

불꽃은 사그라지고, 잉걸불도 거의 남아 있지 않고, 짙은 연기만

이 예전 불꽃에 대한 단 한 가닥 희망으로 남아 있기 때문이다. 뭉실 뭉실하고 짙은 연기가 계속해서 피어오른다. 다 타버린 신문지 가 장자리에는 아직 불그스름한 기운이 남아 있다. 이윽고 불씨가 완 전히 꺼진다. 이 불이 다시 피어나지는 않을 거라는 생각, 땔감이 눅 눅했든지, 신문지를 제대로 안 접었든지, 장작을 너무 수북하게 또 는 너무 듬성듬성 쌓았든지, 뭔가 실수가 있었다는 생각이 당신 머 리를 스친다. 모든 게 여느 때와 다르지 않아 보이는데도 불구하고, 당신은 뭔가 미심쩍다. 어처구니없게도 당신은 불 피우기 작업이 실패한 게 아닌가 하는 두려운 마음이 든다. 이유도 근거도 없는 두려움이다.

당신의 발그레한 두 뺨이 불꽃의 열기 때문인지, 불안 때문인지 당신은 도통 알 수가 없다. 남아 있는 불씨 몇 개를 힘껏 불어보지 만, 너무 약한 불씨는 다시 살아나지 못한다. 연기는 더욱 짙어지고, '후우' 하는 입김 소리는 점점 커지지만 불씨는 좀처럼 되살아날 생 각을 하지 않는다. 당신은 종이를 더 집어넣고 불을 다시 피워야겠 다고 생각하지만, 그래도 확신이 안 선다.

그때 갑자기 연기 속에서 작지만 생생한 불꽃들이 맹렬히 솟아오 르면서, 자욱했던 연기가 한순간에 사라져버린다. 느닷없이 폭죽이 터진 것 같기도 하다. 이제 당신은 불이 어떻게 타들어가는지, 위쪽

장작으로 어떻게 번져가는지, 장작 껍질을 어떻게 지나가고 어떻게 옮겨 붙는지에 관한 모든 과정을 면밀히 살피게 될 것이다. 모두 제대로 됐다.

이제 조금 전 당신은 무엇 때문에 불안해했는지, 지금은 왜 안도감이 드는지 생각해보라. 혹시 불을 잃어버리는 것이야말로 진짜 지옥이라고 여겼던 그 옛날 암흑 시절에 대한 생생한 기억 때문은 아닐까? 그 시절, 순식간에 타오르는 그 불꽃들은 언제나 어둠과 굶주림, 추위와 죽음을 한 방에 물리칠 수 있는 마술과 다름없었다.

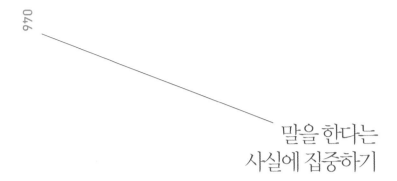

046

말을 한다는
사실에 집중하기

소요시간 **몇 분** / 도구 **없음** / 효과 **당황스러움**

여기서 중요한 것은 생각의 흐름을 차근차근 따라가고 말하고자 하는 것이 무엇인지 생각하는 것이지, 단어의 형태나 발음 따위에 쓸데없는 신경을 쏟는 것이 아니다. 만일 낱말의 형태나 발음에 신경 쓰면서 말을 해야 한다면, 당신은 우왕좌왕 하는 사태에 빠질 수 있다. 그리고 그런 경험의 뒤끝은 그다지 개운하지 않다. 그것은 전화기에 대고 말하는 상황과 유사하다. 즉 당신이 말을 하는 족족 당신의 목소리를 메아리처럼 고스란히 되돌려주는 바람에 말문이 막혀버리는, 그런 전화와 흡사한 것이다.

사실 우리는 굳이 애쓰지 않아도 우리가 말을 하고 있다는 사실을

일상에서 철학하기   159

잘 알고 있다. 즉 우리는 항상 말을 하거나 말을 하지 않는, 두 가지 상황 아래 놓여 있다. 그런데 무언가를 말한다고 할 때, 우리는 그것을 말로 표현해내야 한다는 생각에 사로잡혀 이 무언가로 하여금 우리 정신의 거의 전부를 차지해버리게 한다. 그러다 보면 급기야 이렇게 생각할 수도 있다. "나는 지금 내 생각을 표현하는 중이야. 나는 내가 발음하는 문장을 발음하고 있어."

하지만 이런 생각은 바람직하지 않다. 이런 태도는 문장을 만들어낼 수 있는 가능성 자체를 원천 봉쇄해버릴 위험성이 다분하기 때문이다. 그런 태도 때문에 강연회나 정치연설, 강의 등이 곤란에 처할 수도 있고, 발표자가 아무 설명도 없이 갑자기 말을 중단하는 사태는 절대 없을 거라고 믿는 그런 상황조차 결국은 혼란에 빠질 수 있다. 그러한 사태가 벌어지게 해서는 안 된다.

누구나 그러하듯, 당신도 보통 때에는 이런 식의 탈선에 빠지지 않는다. 이런 탈선을 막을 수 있는 해결책은 현재 진행 중인 말과 관련된 이러한 강박관념을 부차적이고 주변적인 것으로 간주하는 것이다. 의미와 의도에 집중하고, 다음 문장으로 이어질 수 있게 하는 모든 요인에 집중하라. 절대 뒤돌아보지 말고, 중간에 멈추지도 말고, 계속해서 앞으로만 나아가라. 뒤돌아보거나 멈추면, 사방이 막혀버릴 수도 있다. 말은 오직 전진만 할 뿐이다.

남은 것은, 이런 상황에서 빚어지게 될 묘한 결과를 말해보는 것이다. 우리는 우리가 말을 하고 있다는 사실을 모르는 상황에서만 말을 할 수 있다. 말하자면, 빛이 존재할 수 있는 것은 빛과 대비되는 어둠이 있을 때에만 가능한 것과 마찬가지다. 물론 우리는 말에 대해서 말을 할 수도 있고, 그 말이 무슨 내용인지에 대해서도 이러쿵저러쿵 이야기할 수 있다. 하지만 중요한 것은 그게 아니다. 중요한 것은, 우리가 말을 한다고 생각하는 동안에는 말을 할 수가 없다는 사실 하나다.

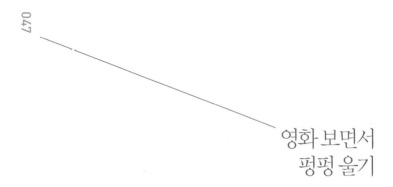

영화 보면서
펑펑 울기

소요시간 **약 90분** / 도구 **장편영화 한 편** / 효과 **차분함**

좋은 작품이어야 한다. 너무 지적 수준이 높은 영화는 안 된다. 이
해하기 쉬운 내용에, 예측이 가능하고, 아주 단조로운 영화가 좋다.
멜로물이어야 한다. 사랑 이야기를 빼면 아무것도 없는 그런 멜로
물말이다. 한 장면도 놓치지 않으려는 듯, 최대한 앞자리를 차지하
라. 모든 것을 잊고 스크린 속으로 빠져들어라. 결정적으로, 화면 속
이야기가 모두 진짜고 위대한 사랑 이야기라고 굳게 믿어라. 물론
아름답고 슬픈 이야기라고도 생각해야 한다. 기꺼이 바람둥이나 유
치한 감상주의자가 되어보라.

완벽하게 감정이입이 되지 않는 한 당신은 영화를 보는 게 아니

047

다. 그러니 비판적 시각이나 우울한 진지함 따위는 완전히 잊어버려라. 의혹이나 의문도 철저하게 배제하라. 말 그대로 '순진한' 관객이 되어라. 뻔뻔스럽게, 이를 악물고.

그리고 연인들이 헤어질 때, 여주인공이 죽을 때, 살인자나 악^惡 또는 불륜이 승리할 때, 꿈이 산산조각 날 때, 등장인물의 가슴이 절절이 미어질 때, 바이올린이 단조로 연주될 때, 타악기 소리가 쿵쾅거리며 울려 퍼질 때 뜨겁고 굵은 눈물방울을 흘리며 그냥 울어라. 생각하려 하지 말고, 부끄러워하지도 말라. 온 힘을 다해 뜨겁게, 하염없이 울어라. 절망적이면서도 가슴이 후련해지는 느낌을 가져보라. 아무런 거리낌 없이 이야기에 심취하고, 고뇌에 휩싸이고, 있는 그대로의 고뇌를 행복으로 받아들여라. 그 외에는 아무것도 생각하지 마라.

냉소와 비난과 조롱의 시대이니만큼, 자유롭게 그리고 고의적으로 선량한 감수성들을 아무 계산 없이 그냥 재미로 체험해보는 것은 꽤 즐거운 경험이다. 자신의 순진함을 믿는 이 눈물에 대한 근거 없는 뿌듯함 뒤에는 특이한 즐거움이 감추어져 있다. 마음의 문을 활짝 열었다는 것, 잠시나마 감성의 방탄벽을 뚫었다는 것이 바로 그것이다.

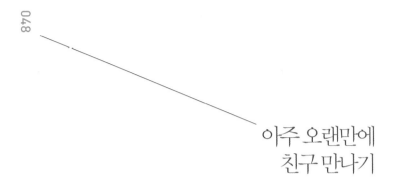

048

아주 오랜만에
친구 만나기

소요시간 **2~3시간** / 도구 **옛 친구** / 효과 **흘러간 세월 실감**

이번 체험은 나이를 먹어가면서 여러 차례 시도할 수 있는 체험이
다. 인생은 각 단계에 따라 꽤 다양한 모습을 보여준다. 어린아이들
은 불과 2, 3년 만에 얼굴을 알아보기가 힘들게 변한다. 충분히 기억
할 만한 나이에 자주 함께 놀았던 아이들의 경우도 그렇다. "쟤, 앙
투안인 거 너 알겠어? 기억 나? 음… 그럼 너 마리즈랑 친구였지?
잘 봐. 눈 색깔이 옛날이랑 똑같아!" 아이들의 웃음은 어딘지 모르
게 어색하고, 시선은 딴 데 가 있다. 아이들은 서로 인사를 나누지
만, 서로를 전혀 기억하지 못하거나 거의 못할 것이다. 한다 하더라
도 막연하고 희미할 뿐이다.

10대의 경우에는 오랫동안 못 만난 남자친구 혹은 여자친구를 다시 만나면 재미있기도 하고 당황스럽기도 하다. 이 즐거움과 불편함은 모두 그 친구에 대한 기억에서 비롯한다.

금방 알아볼 수는 있지만, 볼록한 가슴이나 까칠까칠 나기 시작한 털처럼 그 시기에 성장하는 모든 것들이 서로 원래 기억하고 있던 외모와 함께 뒤섞여 있기 때문이다. 어느새 훌쩍 커버린 덩치 속에서 꼬맹이 때 모습을 알아본다는 것은 재미있으면서도 좀 놀라운 경험이다.

성인들의 경우, 그 여파가 꽤 오래 갈 수 있다. 10년, 20년, 30년, 혹은 그 이상 서로 만나지 못했다. 카페나 레스토랑에서 호기심에 들떠 친구를 기다린다. 서로 알아볼 수 있을까? 어떤 얼굴일까? 주름은 어느 정도일까? 세월의 무게를 어떻게 달고 나올까? 두려움과 애틋함이 뒤섞인 아주 특이한 감정이다. 그런데 그 두려움이 상대방 때문인지 아니면 자기 자신 때문인지 도무지 알 수가 없다. 애틋함 또한 마찬가지다.

그러고는 상대방을 첫눈에 알아본다(뭘 보고 알아본 걸까? 눈? 미소? 고갯짓?). 못 믿겠다는 투로 세월의 흔적을 꼼꼼히 뜯어본다. 이상하다. 친구는 당연히 늙었다. 물론 당신 자신도 늙었고, 그 사실을 당신도 잘 알고 있다. 하지만 자기 모습은 볼 수가 없다. 그러고 며

칠이 지나면, 다시 일상에 익숙해진다. 그때 이상하게 가슴에 왈칵 외 닿는 것이 있다. 끔찍한 세월에 대한 불안감이 갑작스럽게, 그리고 스멀스멀 당신을 엄습해온다. 당신은 의심이 들기 시작한다. 왜냐하면 당신 역시….

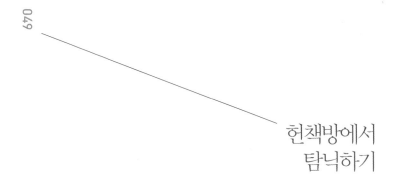

049

헌책방에서
탐닉하기

소요시간 **2~3시간** / 도구 **헌책방 골목** / 효과 **배회하기**

그야말로 우연히 찾아오는 체험이다. 운 좋게도, 생각지도 못한 여유 시간이 잠시 생겼다. 다음 약속 시간까지 잠시 시간이 빌 수도 있고, 대중교통이 파업 중일 수도 있다. 아니면, 그냥 지나가다가 문득 발길이 멈출 수도 있다. 즉 사전에 전혀 계획하지 않은 일이다. 당신은 헌책방에 와 있다. 어느 도시인지, 어느 동네인지, 어느 고장인지, 계절은 언제인지 따위는 중요하지 않다. 책방 골목이든, 덜렁 하나만 있는 서점이든, 전문 책방가이든 상관없다. 중요한 것은 오로지 당신을 둘러싼 서가의 책들 속으로 오롯이 빠져드는 것뿐이다.

이 코너에서 저 코너로, 이 책장에서 저 책장으로, 이쪽 벽에서 반대쪽 벽으로 책을 훑으며 지나간다. 특별히 찾는 책은 없지만 책 제목과 저자 이름, 책 속 등장인물들이 당신의 시선을 끌려고 안간힘을 쓰는 것 같다. 수많은 책들 하나하나가 당신을 불러 세우고, 자기를 좀 봐달라고 유혹하는 것 같다. 당신은 책 표지 너머의 이런저런 인생들과 삶의 숨결을 짐작할 수 있다. 꼭꼭 걸어 잠근 창문과 덧문들 뒤에 자리하고 있을 누군가의 삶을 짐작할 수 있는 것처럼 말이다. 책 하나하나 그 속에 저마다의 운명이 당신을 기다리고 있다. 별 볼일 없는 운명이 있는가 하면, 잠시 스쳐 가는 불행들도 있다. 아무래도 좋다. 일단 책방에 들어가면, 당신은 꽤 오랫동안 꽤 멀리까지 여행을 떠나게 될 것이다.

하지만 경쟁이 무척 뜨겁다. 즉 서가에 꽂힌 수많은 책들 가운데, 당신은 어떤 책들의 부름에 응답할 것인가? 당신을 유혹하는 그 많은 책들의 속삭임이 조금씩 더 가까워지는 것 같다. "자기야, 날 좀 읽지 않을래?" "날 좀 데려가 줘. 후회안 할 거야…" "날 펼치기만 하면, 절대 멈추지 못할걸! 정말이야!" "당신만 기다리고 있었어! 날 데려가 줘! 날 가지라고!" 당신은 유혹의 속삭임으로부터 멀찍이 떨어져 다른 쪽 서가로 걸음을 재촉한다. 하지만 그쪽의 유혹도 만만찮다. 나지막한 목소리들이 귓전을 스치고, 팔려가고 싶어 안달이 난 책들이 뿜어내는 미지근한 입김들이 후욱 끼쳐온다.

바로 그때 당신은 어떤 진리를 재깍 알아챈다. 즉 문학이란 매춘이라는 진리다. 적어도 어떤 의미에서는 그렇다. 활자화된 모든 이야기는 자기를 돋보이게 하고 행인을 잠시 붙들어 매려 하고, 다른 사람들의 관심을 좀 더 오래 끌려고 애쓰는 매춘부와 같다. 사실 모든 예술이 그러하다. 예술 작품들은 온갖 음담패설을 나지막이 속삭이고 있고, 관람객 혹은 독자의 시선은 이 작품에서 저 작품으로 미끄러지듯 옮겨간다.

결국 당신은 책방을 사창가로, 전시회를 집단 간음 파티로, 문화를 음주가무의 난립 현장으로 생각하게 될지도 모른다. 이제 당신의 여유 시간은 끝났다. 그러나 당신을 유혹하는 속삭임은 끝나지 않는다. 그리고 당신은 이제 예술가들에 대한 깊은 연민을 느끼고 있다.

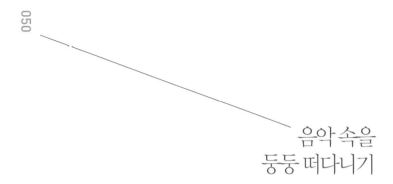

050

음악 속을
둥둥 떠다니기

소요시간 *20분~2시간* / 도구 **음악** / 효과 **현실성**

당신이 좋아하는 음악의 볼륨을 끝까지 올리고, 두 눈을 감아라. 경계심이란 경계심은 모두 무장해제하라. 그 어떤 것도 보려 하지 말고 들으려 하지 말고, 생각하려 하지 말라. 근육의 긴장을 완전히 풀어라. 이제 당신의 몸은 점점 둔해지고 나른해지면서 소파에 살며시 드러눕는다(방바닥이나 침대도 상관없다). 그밖에 모든 것들은 다 사라진다.

음악밖에 없다. 흘러가는 대로 그냥 기다려라. 당신의 의도적인 개입은 무의미하고 심지어 해로울 수도 있다. 오직 음악, 단연 음악만이 절대강자로 존재한다. 음악이 당신 속으로 침투해 들어오는 것이 아니라, 당신이 스스로를 해체하여 당신 자신이 음표가 되고 리듬과 음색이 된다. 물론 이런 말이 얼마나 애매하고, 부정확하고, 막연한 표현인지 당신은 알고 있다. 음악은 말로 설명할 수 없는 것이기 때문이다. 말이 존재하지 않고 말이 필요하지 않은 그런 순간을 기다려야 한다. 당신이 음악 속을 둥둥 떠다니고 있다는 말조차 내뱉을 수 없을 그런 순간을 말이다. 왜냐하면 그런 언어 표현이 의미가 있으려면 소리 그 자체와는 구분되는 '당신'이 계속 존재해야하기 때문이다. 당신은 사라져야 한다. 남은 것은 순수 소리, 오로지 음, 순수한 진동뿐이고, 당신도 그 순수 소리가 되어버렸다.

그 순간 당신은 마지막 체험, 즉 순간적으로 스쳐 가는 체험을 할수 있다. 축 늘어져 꼼짝도 않는 이 몸뚱이가 당신 몸이리라고는 상상도 못한 채 멀찍이서 당신이 자신의 몸을 쳐다보고 있는 장면이 찰나적으로 눈앞을 스쳐 가는 것이다. 마치 딴 사람이 당신을 쳐다보는 것 같은 느낌이다. 무당이나 마법사들이 하는 이야기를 들어보면, 한순간 자기 육신의 껍데기를 벗어버리고 나와 그 껍데기를 위에서 바라본다고 한다. 이런 이야기들은 음악에도 해당한다. 당신은 왜 이걸 진작 알지 못했는가?

이것은 아직 하나의 단계에 불과하다. 마법이나 아주 특별한 능력 역시 거쳐 가야 할 단계의 일종이다. 음악이 되어본다는 것은 어디론가 떠나는 것이 아니다. 계속해서 음악을 듣다 보면, 이동은 전혀 상관이 없다. 장소나 거리도 문제가 되지 않는다. 당신이 지금 어디 있는지 알 수 있게 해주는 지표들은 금세 사라져버릴 것이다. 남은 건 음악뿐이다. 음악 그 자체가 우리 눈앞에 나타나 있고, 모든 존재에 다가갈 수 있는 직선 길을 만들어낸다. 당신은 평소에는 이해하기 힘들었던 이런 문장을 이제는 이해할 수도 있을 것 같다.

"이 세상이 멸망한다 해도, 음악은 살아남으리!"

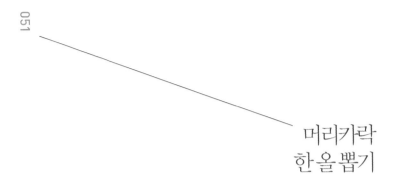

051

머리카락
한 올 뽑기

소요시간 **3초** / 도구 **머리카락 한 올** / 효과 **거의 없음**

통증은 거의 없다. 바늘 끝으로 살짝 찌르는 것 정도의 따끔함에, 두피가 아주 살짝 떨어져 나올 뿐이다. 당신은 머리카락 한 올을 잡고, 직각으로 단번에 잡아당겼다. 생각보다 더 아프지 않을까 두려워서 망설였을지도 모른다. 어쩌면 당신은 여러 번 시도하고 난 후에야 어느 정도의 속도가 필요한지 눈치챘을 수도 있다. 순간적인 가속이면 충분하다는 사실을 말이다.

이제야 제대로 뽑았다. 뽑힌 머리카락이 당신의 두 손가락 사이에 있다. 머리카락이 박혀 있던 자리에는 부분적인 파열만 남아 있다. 점점 커지다가 어느 순간 확장을 멈춰버린 동그라미들의 흔적처럼, 사방으로 조금씩 퍼져나가는 모양의 상처다. 머리카락 뽑을 때의 그 정확하면서도 막연한 아픔은 쉽사리 적응할 수 있을 만한 것이 아니다. 처음에는 정확히 그 부분만 따끔거리다가 아픔이 점차 희미해지면 나중에는 어디쯤이었는지 확실히 짐작이 안 되기 때문이다. 지금도 느낄 수 있는 아픔이라기보다는 두피에 번져나간 고통의 기억쯤이라고 이야기하는 편이 더 정확할 것 같다.

정말 황당하고 바보 같은 체험이라고 생각할지도 모른다. 재미도 없고, 아무짝에도 쓸데없는 그런 경험. 그 말이 백번 옳다. 이번 체험의 의의는 바로 거기에 있다. 즉 효용도 없고 해답도 없는 무수히 많은 의문들을 절감해보는 것이 바로 이 체험의 목적이다. 이제 당신은 머리카락이 하나 모자란다. 조금 전까지 당신 머리카락은 모두 몇 개였을까? 지금은 또 몇 개일까? 당신의 머리카락이 정확히 모두 몇 개인지 알려고 애써본 적이 있는가? 그런 데에는 왜 관심이 없는가? 머리카락 하나가 모자라서 대머리가 되었나? 머리카락이 몇 개나 빠져야 대머리가 되는 걸까? 그걸 아는 사람이 있을까?

이런 질문들에는 정답이 없다. 왜냐하면 이런 질문들은 어떤 한계의 문제, 정체성의 조건과 관련한 문제들이기 때문이다. 그런데 한계라는 것은 명확히 그을 수 있는 선이 아니다. 가령, 이 사람은 대머리고, 저 사람은 대머리가 아니라는 사실을 우리는 알고 있다.

하지만 우리는 대머리와 비非대머리 사이의 정확한 경계선, 즉 머리카락 하나 차이로 나누어지는 그런 선을 그을 수 없다. 우리의 정체성을 판별하는 방식 역시 이와 마찬가지로 대강 이루어지는 것일 수밖에 없다. 대머리인지 아닌지를 머리카락 한 올 차이로 구분할 능력이 없는 우리는 분명 경계가 막연한 집합, 희끄무레한 달무리, 뿌연 안개일 뿐이다. 우리는 대머리와 비대머리를 구분하는 정확한 경계를 앞으로도 알 길이 없을 것이고, 이러한 무지 역시 대수롭지 않은 한순간의 따끔함으로만 치부하게 될 것이다.

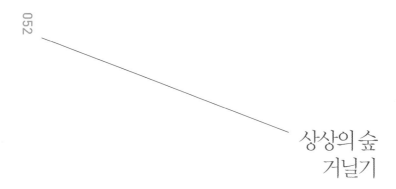

052

상상의 숲
거닐기

소요시간 **2~3시간** / 도구 **숲** / 효과 **아연실색**

진짜 숲으로 가는 것이 좋다. 계절은 겨울이면 좋겠지만, 더위에 시달리지 않고 꽤 오랫동안 꾸준히 걸을 수 있는 계절이면 된다. 규칙적이고 일정한 리듬으로 호흡하는 것이 좋다. 자, 이제 한동안 아주 경쾌한 발걸음으로 걸어가면 된다. 호흡과 걸음걸이가 정확하게 일치하는지에만 신경 쓰고, 그 외의 것들에는 신경을 꺼라.

제일 첫 단계는 반복적인 실행을 통해, 당신도 거의 알아채지 못하는 일정한 리듬을 당신 내부에서 만들어내는 것이다. 내 몸이 어떤 템포를 따라 움직이는지는 쉽게 확인할 수 있다. 같은 리듬으로 계속 호흡하다가 갑자기 걸음을 멈춰보라. 주변의 나무들이 계속해서 앞으로 움직이는 것 같으면, 당신은 제대로 잘하고 있는 것이다. 반면, 주변 풍경 전체가 당신과 함께 멈춘다면, 계속 더 걸어라. 아직 체험의 시작 단계에도 못 미친 것이기 때문이다.

어느 순간, 필요한 리듬을 제대로 타고 있다는 확신이 들 것이다. 그 순간 멈추지 말고 계속 걸어라. 당신은 이제 딴 세상으로 진입하게 될 것이다. 딴 세상이라고 해서, 요정이나 마법사의 도움이 필요한 것은 아니다. 땅의 정령도 숲의 정령도 필요 없다. 약간의 의지와 얼마간의 끈기, 즉 최소한의 열정만 있으면 된다.

그저 숲이 당신의 영혼이라고 상상해보라. 당신이 지금 걸어가고 있는 곳이 바로 당신의 내부라고 생각해보라. 울창한 거목들, 백색 제복의 헌병을 닮은 자작나무들, 눅눅한 흙, 이끼 따위는 당신 밖에 있는 것이 아니다. 당신이 전혀 알지 못하는 어떤 미스터리한 운명의 장난으로 모든 게 뒤바뀐 것이다. 당신은 지금 당신의 머릿속에서 서성대고 있다. 자신의 내부에서 절대 빠져나갈 수 없는 것은 아닌가 하고 의심이 들지도 모른다. 왜 그런지는 알려고 하지 마라.

그저 당신 내부에 미묘한 중간색들도 있고, 빛과 어둠들도 있다는 사실만 확인하라. 덤불 속에는 어둠이 있고, 숲 속에는 고요한 빈터도 있다. 그루터기에는 드센 고집들이 앉아 있고, 바람 부는 모퉁이에는 경박함이 어른거린다. 이 모든 것이 당신 속에 자리한 내밀한 본성 같다.

　아마도 정신이라는 것은 안과 밖이 따로 없는 것 아닐까 하는 생각이 퍼뜩 당신을 스치고 지나간다. 설사 정신의 바깥이라는 게 있다손 치더라도, 그것에 대해서는 전혀 알 도리가 없다는 것도 알아차린다.

　당신은 이 숲 속 게임에서 뭔가 의미심장한 결론들을 이끌어낼 수도 있다. 그건 당신에게 달려 있다. 하지만 단 한 가지 이치만 명심해도 충분하다. 즉 상상력이란 현실에 덧붙여지는 것, 혹은 현실과 대립되는 것, 현실과 모순되는 것, 현실을 감추는 것이 결코 아니고 그래서도 안 된다는 사실이다. 오히려 현실 그 자체를 상상계로 만들어야 하는 것이다.

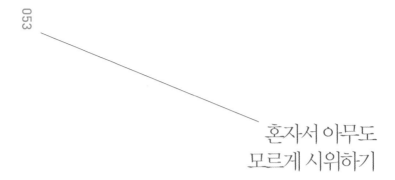

053

혼자서 아무도
모르게 시위하기

소요시간 **30~40분** / 도구 **빈 공간** / 효과 **탈정치**

　당신은 조용히 거리를 걸어가고 있다. 하지만 겉으로 보기에만
그러하다. 당신의 걸음걸이나 몸짓에서는 전혀 그런 낌새가 없지
만, 사실 당신은 지금 시위중이다. 그 사실을 아는 사람은 당신뿐,
어느 누구도 눈치채지 못한다. 머리띠도, 구호도 없다. 당신의 행동
거지에는 특이점이나 두드러진 징후도 전혀 없다. 일탈적인 부분이
라곤 정말 눈 씻고 찾아봐도 없다.

　당신은 말없이 걷고 있다. 당연하다. 하지만 머릿속으로는 구호
를 외치고 있다. 현 정부와 그 정책에 아주 적대적인 구호들이다. 그
표현들이 기발하고, 박자가 착착 맞으면서 눈길을 끌기에 충분하

다. 욕설이나, 인신공격 또는 법에 저촉되는 발언들일 수도 있다. 당신은 당국에 도전하고 있고, 대담하게 경찰에 맞서고 있다. 여론몰이를 하고, 당신이 채택한 결의안을 외치며 항의를 하고 있다.

하지만 그걸 아는 사람은 아무도 없다. 당신을 스쳐 지나가는 아줌마도, 당신을 앞질러가는 어린아이도 모른다. 길모퉁이에서 당신을 무심히 쳐다보고 있는 경찰관조차도 알아채지 못한다. 이것은 시위가 아니다. 당신은 혼자이고, 입을 다물고 있다. 이것은 그저 하나의 상상이다. 그런데 뭘 상상해야 할까?

아무도 모르게, 누구나 이런 실험을 해볼 수 있다. 오가는 사람들이 서로 마주치는 평화로운 거리, 저마다 일에 바빠 자기 갈 길을 재촉하는 이 거리는 어쩌면 비밀 시위와 미처 감지되지 않은 어떤 반란이 일어나고 있는 팬터마임 공연장인지도 모른다.

평범하고 특징 없는 거리에서 위대한 열정들이 자기도 모르게 서로 섞이고 있다는 사실을 잠깐만이라도 상상해보라. 방금 전 보행로에서 몇 발자국을 옮기는 사이, 당신은 테러리스트, 암에 걸린 여인, 절망에 빠진 실업자, 약을 찾아 헤매는 마약중독자, 임신한 10대 소녀, 불법체류자, 버려진 희망 등과 마주쳤다. 그런데도 당신은 그 사실을 전혀 몰랐다. 알 방도가 없었다. 당연하게도 말이다.

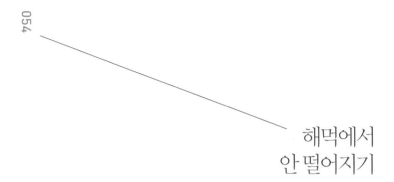

054

해먹에서
안 떨어지기

소요시간 **잠깐** / 도구 **해먹** / 효과 **대담함**

해먹이 넓으면 안 된다. 바닥이 평평한 해먹은 제외다. 그런 해먹은 공중에 매달아놓은 침대와 다를 바 없기 때문이다. 그런 해먹들은 불안정한 진짜 해먹과는 다르다. 누워 있기 힘든 해먹이야말로 진정한 해먹이다. 이 체험은 해먹에서 태어나지 않은 한, 오랫동안 해먹에서 잠자기 또는 해먹에서 돌아눕기를 배우지 않은 한, 처음 시도할 때는 위험할 수밖에 없다. 갑자기 움직이면 안 된다. 생각 없이 움직이는 건 절대 금물이다. 가장 좋은 방법은 몸을 자기 체중에 완전히 맡기는 것이다.

해먹 위에서 꼭 알아야 할 점은, 처음에 균형을 잡았다고 해도 그

것이 결코 유지되는 것은 아니라는 사실이다. 해먹에 대해 잘 아는 사람도 언제든 떨어질 수 있다. 균형을 유지할 수 있는 가장 확실한 방법은 해먹이 갑자기 끊어질 수도 있음을 항상 의식하고 있는 것이다. 언제든 원인도 없이 말이다. 언제든지 끊어질 수 있음을 인정하면서도 대수롭지 않게 생각해야 하고, 늘 염두에 두면서도 너무 연연하지 않아야 한다. 떨어지지 않을까 하는 걱정을 쫓아버릴 수 있는 단 한 가지 방법은 언제라도 추락할 수 있음을 의식하면서도 한편으로는 방심하는 것이다.

결국 해먹 실습을 통해서 당신이 체험하게 되는 것은 비관주의에서 비롯하는 극단적 안도감이다. 꼭 그렇게 된다는 보장은 없지만, 최악의 경우를 늘 염두에 두다 보면 결국 현실은 꽤 가벼워질 수 있다. 확신의 환상에서 풀려나기 때문이다. 확신이란 추락에 대한 불안과 그리 다르지 않다. 가볍게 흔들거리는 것도 바람직하다.

요컨대, 추락은 언제나 가능하지만 그것은 어디까지나 가능성일 뿐이다. 위험에 몸을 맡기는 것이 결국은 자기를 보호하는 길이다. 따라서 최악의 경우를 우습게 여기는 대담한 태도가 필요하다.

물론, 해먹 위에서처럼 현실에서의 삶도 추락하지 않고 버텨내야 한다.

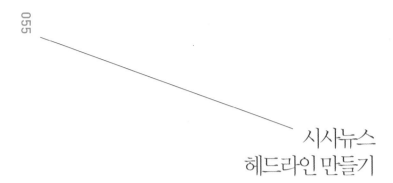

055

시사뉴스
헤드라인 만들기

소요시간 **약15분** / 도구 **종이,연필** / 효과 **평온함**

당신은 세상만사에서 뚝 떨어져 있다. 라디오도 전화도 없는 상황에 처해 있다고 가정해보자. 신문도 TV도 물론 없다. 철저한 단절상태다. 그렇지만 당신은 적당한 분량의 뉴스만큼은 원한다. 전문가들에 따르면, 시사뉴스에 대한 의존도는 비교적 뚜렷하게 구분이 된다고 한다. 하루에도 여러 번 시사뉴스를 스스로에게 주입하는 사람들이 있는가 하면, 아침저녁으로 헤드라인 정도만 훑어보는 것으로도 충분한 사람들도 있다.

우리는 이러한 뉴스 타이틀을 알약처럼 복용할 수 있고, 그렇게 삼킨 알약은 쇼 프로그램을 보는 동안 용해되기도 한다. 이런 뉴스는 TV 화면에서 직접 볼 수도 있고 팩스나 이메일을 통해서도 얻을 수 있다.

그런데 이번에는 그런 뉴스들이 정말 완벽하게 차단되어 있다. 통신기기도 전혀 없고, 눈앞에는 집 한 채 보이지 않는다. 그래도 뭔가 방법을 찾아야 한다. 바로, 당신 스스로 뉴스 제목을 만들어내는 것이다. 뭔가 뉴스거리가 있어야 제목을 만들 거 아니냐고? 찾아보면 있다! 당신은 그게 그리 어렵지 않다는 걸 곧 알게 될 것이다. 먼저 국내 정치를 보면, 장관 사임건, 일련의 새로운 정부 조치들(조세나 교육문제, 교통이나 환경문제 등 취향에 따라 정한다), 스캔들, 합의, 논쟁, 공식 외교 방문 중에서 선택하면 된다. 국제 정치의 경우, 전쟁, 쿠데타, 전문가 회의(이것 역시 취향에 따라 국제 통화 문제, 전자산업, 어업 문제 따위가 될 수 있다), 테러, 지진, 화재, 홍수 중에서 고르면 된다.

과학 관련 뉴스도 빼먹지 말아야 한다. 인간복제 분야의 획기적 진보, 장기 밀매 조직 발견, 데이터베이스 저장용 신소재 등등. 문화계 뉴스도 어느 정도 필요하다. 최근 개봉 영화, 새로운 전시회, 작가의 초상…. 싫지 않으면 계속해서 '유명 인사들'의 동향도 집어넣어라. 여배우의 이혼, 과속으로 체포된 유명 가수….

마지막은 사회면의 각종 사건사고들이다. 지방에서 일어난 성폭

행 사건, 변두리 지역의 살인사건, 고속도로 교통사고 등등. 이제 다 됐다. 몇 가지 자질구레한 사건들만 빼고는 필요한 뉴스거리가 거의 확보된 셈이다. 하지만 간단한 일기예보라든가 주식 시황, 로또 당첨 결과 등 금방금방 만들어낼 수 있는 소재들은 아직 더 남아 있다. 그래도 어딘가 부족하다는 느낌이 든다면, 유명 인사의 사망 소식도 끼워넣어라. 돌이켜보면 역사의 한 페이지를 장식할 만한 참으로 위대한 인물이었다는 애도의 찬사에 걸맞는 거물급 정치인이나 노벨 문학상 수상자, 유명 영화감독 등이 좋겠다.

빠진 뉴스를 채워넣는 것이 이번 체험의 목표는 아니다. 홍수처럼 쏟아지는 정보들이 사실은 얼마나 똑같은 소리의 반복인지를 실감해보는 것이 진짜 목표다. 발전도 없고 새로울 것도 없다. 가짜 뉴스를 이렇게 쉽게 만들어낼 수 있다는 것은 이 세상 가장 구태의연한 것이 바로 '뉴스'라는 사실을 확인시켜준다. 뉴스가 끝도 없이 들려주는 것은 오직 인간의 끝없는 불행뿐이다. 요컨대 관심을 끌 만한 것이라고는 전혀 없는 이런 메시지를 그럴듯하게 꾸미기 위해, 뉴스는 마치 엄청난 사건이라도 되는 양 호들갑을 떤다. 이런 경험을 가끔씩 하다 보면, 그 엄청난 양의 뉴스라는 것들도 사실은 그다지 중요할 것도 없고 현실성도 거의 없다는 것을 알게 될지도 모른다. 이런 게 뉴스라고?

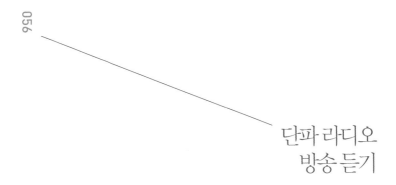

단파 라디오
방송 듣기

소요시간 **15~60분** / 도구 **단파수신용 라디오** / 효과 **세계주의적 마인드**

단파 라디오는 이미 한물간 요술이다. 인터넷과 사이버 네트워크 시대에, 라디오는 뭔가 시대착오적이고 낡아빠진 물건, 가소롭기까지 한 그런 물건 같다. 합성비닐이나 절연비닐 따위의 호랑이 담배 피던 시절에나 있을 법한 소재들과 연상된다. 라디오는 까마득한 옛날의 생산품이고, 그 흔적만이 남아 있다. 하지만 그 노후한 라디오로부터 멋진 경험을 이끌어낼 수 있는 여지가 아직 있다.

그러니 단파수신용 라디오를 한 대 마련하라. 그리고 가급적 밤이 될 때까지 기다려라. 밤에 라디오 수신이 더 잘되기도 하고, 상상력의 효과도 대부분 낮보다 더 크기 때문이다(물론 대낮에도 이런 경험은 얼마든지 가능하다). 라디오를 켜고, 천천히 그리고 멈추지 말고 주파수 다이얼을 돌려라. 라디오에서 흘러나오는 정보에는 전혀 신경 쓰지 않도록 노력하라. 라디오와 다이얼을 통해 알 수 있는 정보나 기호들이 있다면, 그것도 무시하라. 당신 귀에 들리는 것이 헬싱키 방송인지, 마드리드 방송인지, 볼리비아 방송인지, 캐나다 방송인지 미리 알려고도 하지 마라. 조심조심 다이얼을 돌려라.

라디오의 마술은 아직 유효하다. 주파수가 이동하는 순간순간, 당신은 이 세상에서 다른 세상으로 이동한다. 늘려오는 목소리와 음색과 어조와 억양이 계속 바뀐다. 당신이 금방 알아들을 수 있는 언어들도 있지만, 어떤 것은 당황스럽고 망설여진다. 헝가리 말인가? 사전 지식이 전혀 없다면, 불가리아 말과 루마니아 말을 어떻게 구별할 수 있을까? 북유럽 언어들은? 아시아 언어는? 당신은 지금 이 순간 말을 하고 있는 이 모든 미지인들과 가장 가까이 있으면서 동시에 가장 멀리 떨어진 경험을 하고 있다. 그들의 말이 똑똑하게 들린다. 바로 옆에 있는 것처럼 들릴 때도 있다. 하지만 당신은 그들이 지금 어디에 있는지 모르고, 그들이 무슨 말을 하는지, 심지어 어느 나라 말을 하는지도 모른다.

말을 하는 그림자들, 곁에는 없지만 존재하는 자들이 당신 주변을 에워싸고 있다. 당신은 그들이 분명 살아 있는 사람이라는 것은 알지만, 어디에 있는지, 어떤 걱정거리를 안고 있는지는 모른다. 약간은 지저분하고 조금 낡은 라디오 스튜디오의 마이크 앞에서 이야기를 하고 있을 거라고 당신 마음대로 상상해도 좋다. 청취자들도 상상해볼 수 있다. 가령 세르비아의 농부들, 카이로의 상인들, 코펜하겐의 회사 간부들처럼 말이다. 각자 사는 곳도 다르고 입는 옷도 다르고, 취향과 걱정거리도 다른 청취자들이 있다.

당신은 이제 기계 문명의 수수께끼에 봉착하게 된다. 고독과 침묵, 당신이 상상할 수 있는 가장 화려한 고립 속에서도 당신은 늘 이런 수많은 목소리의 한가운데 놓여 있다. 공기 속에 웅크리고 있어 라디오라는 기계 없이는 탐지가 불가능하지만 다른 사람의 귀에 들어가기를 고대하는, 이 수십 가지 미지의, 혹은 알아듣기 힘든 언어가 들려주는 속삭임들이 당신 주위를 둘러싸고 있는 것이다. 당신은 이 중얼거림이 무엇을 말하고 있는지 결코 알지 못할 것이다. 암울하고 변화무쌍한 세상만사를 온 세상에 끝도 없이 퍼뜨리고 있다는 사실 외에는.

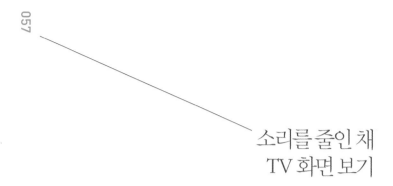

057

소리를 줄인 채
TV 화면 보기

소요시간 **약 5분** / 도구 **켜져 있는 TV** / 효과 **교훈적**

실제로 TV를 쳐다보는 것은 아주 드문 일이다. TV 앞에서 많은
시간을 보내고, 다양한 프로그램을 시청하는 사람들도 정말로 TV
를 들여다보고 있는 경우는 드물다. 대부분 그냥 듣고 있을 뿐이다.
이미지-소리는 함께 전달됨으로써, 완전한 의미를 만들어낸다. 프로
그램이 저질이든, 수준이 높든 간에, 우리의 관심은 이 이미지-소리
라는 한 덩어리에 쏠려 있다. 즉 들으면서 보는 것이다. 낯설고 이상
한 이미지라고 해서, 특별히 그 이미지를 더 주시하는 것도 아니다.

먼저, 소리를 죽이고 TV 화면을 바라보라. 처음에는 좀 우습다는
생각이 들 것이다. 뭣 때문에 그러는지 모르는 상태에서, 논쟁을 벌

이다 흥분을 하고 씩씩거리는 사람들을 보는 것은 정말 우스운 일이다. 괜히 웃음을 흘리고 아양을 떠는 MC들도 정말이지 우스꽝스럽다. 들리지 않는 노래를 열창하는 가수들, 벙어리 기자들, 소리도 안 나는 대사를 또박또박 읊어대고 소리 없이 절규하는 배우들, 배경음악도 환호성도 없는 CF…. 모두 다 웃긴다.

하지만 사실 최악의 상황은 이런 것이 아니다. 어느 정도는 심각한 그 우스꽝스러운 모습의 이면에는, 두려움이 자리하고 있다. 아무 소득도 없이 쉬지 않고 입술을 쫑알대고, 두 볼을 실룩거리는 그 얼굴들은 뭔가 기계적이고 비인간적인 것에 사로잡혀 있다. 죽음이나 싸늘한 시체, 꼼짝 않는 새하얀 시체의 분위기와는 사뭇 다른 무엇이다. 활기 없는 번잡함, 허무를 피해보려는 헛된 노력, 결국에는 바람 빠진 풍선이 될 수밖에 없는 몸짓은 아닐까?

이제 이로부터 벗어나야 한다. 두려움이나 우스꽝스러움도 끝내야 한다. 웃음과 두려움은 그만 떨쳐내야 한다. 우습고 기계적인 동작들은 대충 흘려 봐야 한다. 소리 없는 이미지들은 그냥 있는 그대로, 즉 따지고 보면 따분하고 아무런 맛도 향도 없는 이미지로 봐주어야 한다. 색깔도 의미도 없는 것으로 말이다. TV도 우리를 지혜롭게 만들어줄 수 있다.

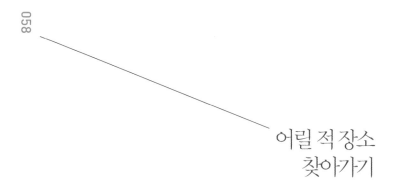

058

어릴 적 장소
찾아가기

소요시간 **순간** / 도구 **어릴 때 놀던 곳** / 효과 **이탈감**

누구나 한 번쯤은 경험해본 일이다. 당신의 세세한 기억 속에서, 그곳은 엄청나게 커다란 곳이었다. 거대한 경마장, 끝이 보이지 않는 평야, 넓디넓은 운동장, 연병장, 숨바꼭질하던 곳, 함정을 파고 장난치던 곳, 들판, 초원, 야생밀림. 숨을 곳 하나 없는 광활한 평지에 노출된다는 것은 큰 용기를 필요로 했다. 이쪽 끝에서 저쪽 끝까지 가로질러 가려면 끈기와 적잖은 힘도 필요했다.

거기서는 늘 어린아이였다. 크면서는 그곳에 다시 가볼 일도 없었고, 그 장소에 익숙해질 기회도 없었다. 이제 어른이 되어 그곳으로 되돌아가보자. 지금 가본 그 장소는 너무 작다. 좁고 갑갑하고,

마치 고래 뱃속 같다. 하지만 전체 크기, 구석구석 세세한 부분들, 구석에 있던 창문, 누르스름해진 작은 칸막이 벽 등. 변한 건 하나도 없다. 하나의 모형, 축소된 모델, 미니어처 열쇠고리 같다.

이같이 특별한 놀라움과 낯선 어색함을 한번 경험해보라. 당신은 당신 자신이 가장 중요한 기준점인데도 불구하고, 자신의 키가 얼마나 자랐는지도 금방 알아채지 못한다. 따라서 당연히 다른 것들이 변했다고, 즉 다른 사물들이 작아지고 좁아졌다는 생각이 든다. 당신이 갑자기 거인이 되어버린 느낌이 드는 것도 다 그 때문이다.

실상을 알게 된다고 해도 별 소용은 없다. 불편함은 여전하기 때문이다. 당신의 기억과 당신이 지금 느끼는 바는 일치하지 않는다. 둘 다 선명하다. 하지만 그 둘은 양립할 수 없다. 당신 자신이 왠지 남아도는 잉여물, 당신의 생생한 기억과 확실한 현재 사이에 툭 튀어나온 돌출부 같다는 느낌을 지울 수 없다. 당신을 당혹스럽게 하는 것은 바로, 당신 자신의 연속성에 관한 사고다.

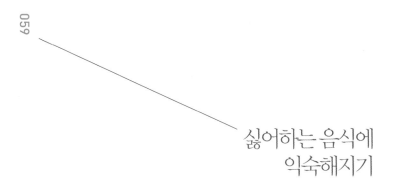

059

싫어하는 음식에
익숙해지기

소요시간 **몇 년** / 도구 **싫어하는 음식** / 효과 **문명화**

당신이 정말 싫어하는 음식이 있다. 정말 사심 없이, 다양한 상황에서, 안 될 때는 한참 있다가, 먹어보려고 여러 차례 시도해보았건만 정말 어쩔 수가 없다. 당신은 진심으로 그 음식이 싫다! 먹고 나서 배가 아프거나 가렵거나 두드러기가 나는 것은 아니다. 그런 것은 참고 넘어갈 수도 있다. 하지만 이건 순전히 입맛의 문제다. 좋다, 당신은 이제 그걸 먹어보려고 한다.

처음에는 조금만, 딱 한 입만, 싫어도 꾹 참고, 이따금씩, 기어이 먹고 말겠다는 결연한 의지의 표시로 먹어본다. 그다음에는 좀 더 자주, 좀 더 규칙적으로, 좀 더 편하게 시도한다. 그렇게 몇 년 동안

194

고집스럽게 노력한다면, 당신은 별생각 없이 그 음식을 먹을 수 있게 될 것이다. 싫은 건 여전하지만 말이다. 하지만 그걸 먹는 일이 대수롭지 않은 일상이 될 것이고, 불쾌감도 줄어들면서 거의 무심해질 수 있다. 결국에는 좋아하게 될지도 모른다. 그 음식의 맛이 특별히 좋아진 것도 아니고(특별한 경우를 제외하고는 여전히 맛이 없다), 반복해서 먹는 데에 익숙해진 것도 아니다. 단지 그러한 혐오감을 어느 정도 극복했다는 당신 자신에 대한 어떤 애정 때문이다.

그렇다면 아무 소득도 없어 보이고 쓸데없이 불쾌하기만 하고 바보처럼 보일 수도 있는 이런 불편함을 기꺼이 감수하기로 마음먹은 이유는 무엇일까? 그 대답은 바로 '문명화 때문'이다! 이것은 모든 반론을 무색케 하는 대답이다. 문화의 차이와 시대의 차이는 따지지 않더라도, 문명화란 도대체 무엇인가? 그것은 바로 유혹을 맹목적으로 따르지 않는 것, 혐오감을 기계적으로 추종하지 않는 것이다. 문명화란 게임의 법칙을 복잡하게 만들고, 충동을 저지하는 것이다. 따라서 오랜 시간에 걸친 이런 경험이 지향하는 바는, 다른 이해관계 없이 그저 교육적인 차원에서 당신으로 하여금 인류의 위대한 모험에 동참하게 만드는 것이라고 할 수 있다.

이러한 경험을 두고 야만스럽다고 우겨대는 것은 악의적이고 고약한 사고방식이라고밖에 말할 수 없다.

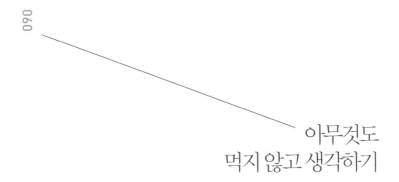

아무것도
먹지 않고 생각하기

소요시간 **12~36시간** / 도구 **없음** / 효과 **황량함**

시대를 막론하고 전 세계 곳곳의 모든 정신적 전통들은 단식이라
는 것을 이용해왔고, 그것은 결코 우연한 일이 아니다. 따라서 우리
와 세계의 관계를 변화시킬 수 있는 가장 강력한 수단은 마약을 제
외하면 단식이 단연 으뜸이다. 강도와 상황에 따라서 단식은 공포
가 될 수도 있고 마음을 가라앉히는 일이 될 수도 있다. 강박감이나
초연함을 줄 수도 있고, 마음을 심란하게 할 수도, 평정을 찾아줄 수
도 있다.

이런 효과는 그리 놀라울 것도 없다. 가장 오래되고 가장 지속적
이며 가장 유기적인 현실과 우리와의 관계는 음식물을 매개로 하고

있다. 따라서 음식 섭취를 의도적으로 자제한다는 것은 인간의 가장 오래된 삶의 토대를 직접적으로 침해하는 행위다.

사람들은 단식에 대해 저마다의 방식에 따라, 자신의 과거나 내부 구조에 따라 반응한다. 어떤 이는 광물적이고 건조한 상황, 예를 들어 이제는 어떤 맛으로도 마음이 편해지지 않을 황량한 자갈 사막에 놓여 있다는 불안에 휩싸인다. 반면 또 어떤 이는 강제적인 음식, 즉 정해진 시간에 딱딱한 물질을 삼켜야 한다는 그 끔찍한 의무로부터 벗어났다는 해방감에 안도하기도 한다.

단식을 경험해본 적이 없다면, 처음에는 딱 하루만 시도해보라. 드물게 나타나는 신체적 부작용을 제외하면, 위험한 일은 절대로 없다. 설탕물을 규칙적으로 마셔라. 뭔가 특별한 일은 찾지 말고 당신의 기분이 어떻게 변하는지에만 주목하라. 좀 더 거시적으로 관찰해야 할 것은, 단식 몇 시간 후에 당신에게 일어나는 '현실'적 변화가 과연 무엇인가 하는 것이다.

약간의 포도당 감소, 약간의 지방량 변화, 단백질 부족. 그런데 이제 세상은 이전과는 달리 보인다. 이러한 상황에서 어떤 결론들이 도출될 수 있을지 생각해보아야 하는 것 아닐까? 자, 이제 한번 생각해보시라.

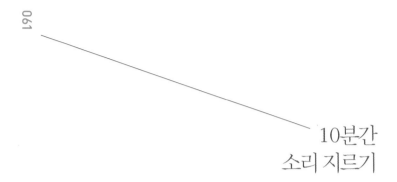

10분간
소리 지르기

소요시간 **10분** / 도구 **없음** / 효과 **준엄함**

다 이유가 있다. 까칠한 기분과 불만을 표출하는 것은 다 마음의 상처를 받았기 때문이라는 말이다. 당신이 누군가와 부딪쳤다고 생각해보라. 당신은 왠지 기분이 상했다. 그래서 옳든(당신이 보기에는 정당하다) 그르든, 소리를 지른다. 기분 나쁘다고, 부당하다고 항의한다. 소리를 버럭버럭 지르거나, 이를 북북 갈면서 불쾌감을 마구 드러낸다.

이 체험의 핵심은 이런 행동을 맨정신에 아무렇지도 않게 똑같이 해보는 것이다. 이유는 없다. 그냥 하는 거다. 실제로는 화가 나지 않지만, 화난 것처럼 행동해보라. 혼자 방 안에 틀어박혀, 아무 이유

없이 소리를 질러보라.

처음에는 어색하겠지만, 계속 소리를 지르면서 그 어색함을 극복하라. 다양한 신음소리도 뱉어보고, 그르렁거리기도 하라. 공기를 한껏 들이마셔 횡격막을 수축하라. 개처럼 으르렁대고, 악담을 퍼붓고, 화났을 때 흔히 하는 말들을 격하게 내질러보라. "그럴 리가 없어!" "아냐, 금방 끝나지 않는다고!" "감히 그런 짓거리를 하다니!" "절-대-로-있-을-수 없는 일이야!" "아! 빌어먹을 놈들! 쓰레기 같은 새끼들! 비열한 자식들!"

아무 생각도 하지 마라. 다만 정말로 화를 내지는 않도록 주의하라. 그냥 입으로만 욕하는 데 그쳐야 한다. 냉철함을 유지하라. 그러고는 계속하라. 누군가 카메라로 당신을 찍고 있다고 생각하고, 실제상황처럼 보여야 한다는 걸 잊지 마라. 계속해서 소리 질러라. 아무 데나 발로 차고, 주먹으로 때려라. 더럽고, 치사하고, 저질이고, 절대 용서하지 않겠다고 소리소리 질러라. 당신은 그 놈들을 잡아낼 것이고, 그들은 톡톡히 대가를 치를 것이다. 놈들을 묵사발을 만들어, 용서를 빌게 만들고, 잘못을 뉘우치게 할 것이다. 목젖 깊숙이 한 번 더 힘을 주어 꽈악 소리를 질러보라. 호흡과 성대를 잘 활용하라.

이제 그만. 심호흡을 하라. 물을 한잔 마시고, 창문을 열어라. 명심하라. 화를 내다는 건 고작 그런 것이다.

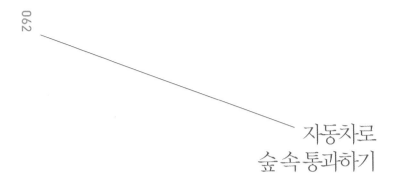

자동차로
숲 속 통과하기

소요시간 **10~20분** / 도구 **자동차,숲,도로** / 효과 **쥐라기공원**

죽 늘어선 나무들은 언뜻 비현실적인 느낌을 준다. 영화의 한 장면 같기도 하다. 운전을 하지 않아도 된다면, 주저 말고 고개를 차창밖으로 돌려 도로를 똑바로 응시해보라. 늘어선 나무들이 엄청난속도로, 기계적으로 휙휙 지나가는 것을 볼 수 있을 것이다. 이 정도는 최면의 시작 단계일 뿐이다.

다음 단계는 나무 아래의 관목 덤불을 주시하는 것이다. 어떤 숲이냐에 따라 다소 컴컴할 수도 있다. 이번에는 시선을 좀 더 먼 곳, 나뭇가지들 아래 빈 공간에 고정시켜라. 녹색빛이 어른거리거나, 가끔은 아주 침침하기도 한 곳이다. 저런 곳에서 어떻게 살까? 저런 곳에 계속 있으면 어떻게 될까? 대규모 개간이 이루어지기 전, 가령 중세시대에 저 곳은 물론 다른 곳은 도대체 어떤 모습이었을까?

자동차는 당신의 특별한 방어막이다. 당신은 차체와 차창의 보호 속에서 재빨리 숲을 가로질러 나간다. 그런데도 숲이 풍기는 야릇한 두려움이 당신을 사로잡고 만다.

당신은 문득, 아무리 속력을 내도 이 숲을 절대 빠져나가지 못하리란 걸 알아차린다.

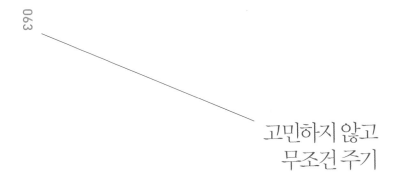

063

고민하지 않고
무조건 주기

소요시간 **순간** / 도구 **손에 잡히는 물건 아무거나** / 효과 **온정**

끊임없이 이어지는 지루한 행위들, 정해진 일과, 따분한 업무들이 당신을 지배한 지 이미 오래다. 당신은 이제 아무 재미도 없는 시간 속으로 그저 기계적으로 걸어 들어간다. 당신 자신은 물론, 다른 사람들과 세상사에 대해 거의 무관심한 상태다. 바로 그때, 비참한 모습 하나가 불쑥 시야에 들어온다. 정말 불쌍하다. 쪼그려 앉은 거지, 지저분한 아이, 심한 장애가 있는 아이, 추위에 볼이 뻘게진 병든 아이, 노숙자. 길모퉁이에서, 인도 한가운데서, 지하철 입구에서, 멈춰 선 횡단보도 앞에서 그들이 불쑥불쑥 나타난다.

곧바로 줘라. 알려고도 말고 고민하지도 말고 계산하지도 말라.

조금도 따지지 말라. 논리도 필요 없고, 정당화도 필요 없다. 지폐나 샌드위치, 책, 볼펜, 아니면 미소라도. 손에 잡히는 대로 무조건 줘야 한다. 물건의 가치나 행위의 적절함 따위는 신경을 쓰지 않는다. 눈에 띄는 즉시 주는 경험을 해보라. 그렇다고 아무에게나 뭐든 주라는 말은 절대 아니다. 조금이라도 의지할 데가 있고, 그나마 편안하고, 그나마 심하게 궁핍하지 않은 당신이 가진 무엇인가를 정말 꼭 필요로 하는 사람에게 주라는 말이다. 이유는 단지, 손을 내밀고 있기 때문이다.

냉정하게 보면, 그런 행동이 일시적이고 우연적이며 비합리적이라는 점에서 결국은 옳은 일이 아니라고 생각할 수도 있다. 이처럼 당신이 생각이라는 걸 하는 순간, 당신은 적선은 불필요하고, 구걸은 비도덕적이고, 자선은 뭔가 꿍꿍이가 있는 거라고 판단할 만한 온갖 (좋은 의도든 아니든) 변명거리를 찾게 될 것이다. 따라서 주는 순간에 머릿속에 떠오르는 갖가지 생각들은 단호하게 지워버려야 한다. 기부는 동정심에서 비롯한다. 도움을 주고 싶고, 함께하고 싶은 이 뜬금없는 충동은 분석적 사고를 하는 순간 여지없이 사라져버린다.

따라서 이런 상황에서는 생각이라는 놈의 주둥이를 억지로 틀어막아야 한다. 기억은 그런 순간들의 감사한 마음을 오랫동안 간직

한다. 기분 좋게 배부른 조촐한 식사, 마땅히 지출해야 했던 돈 따위는 당신의 기억 속에서 오래전에 사라졌다. 하지만 당신이 다른 사람에게 베풀었던 식사나 돈은 분명하게 기억하고 있다. 아마도 그 순간에 당신이 어떤 몸짓을 했고, 어떤 표정을 지었고, 어떤 말을 했었는지도 함께 기억할 것이다. 기억은 망각의 반대말인 것만은 아니다. 뉘우침의 다른 모습이기도 하다.

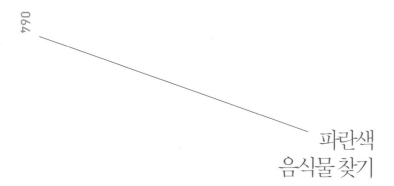

파란색
음식물 찾기

소요시간 **무한** / 도구 **미정** / 효과 **불확실성**

우주에서 바라본 지구는 파란색이라고 한다. 사실 지구상에는 엄청나게 많은 파란색이 있다. 구름 한 점 없는 대낮의 하늘, 드넓은 대양. 우리는 줄곧 파란색 속에 담겨 있고, 파란색을 바라보며 그것을 호흡한다. 하지만 파란색을 먹는다는 것은 불가능하다. 파란색은 식용이 아니다. 파란색은 우리가 먹는 음식에서 빠져 있다.

아주 단순하면서도 아주 엄청난 미스터리다. 사실 이 세상에는 모든 색깔의 음식이 다 있다. 이 많은 색깔들이 실제로 우리의 식욕을 자극한다. 하지만 우리가 먹는 것 중에서 파란색은 없으며, 밝은 청색, 또는 진한 청색 혹은 뚜렷한 군청색의 음식은 역겹게 보일 수도 있다. 감청색 아이스크림은 너무 인공적이라는 느낌이 들 뿐만 아니라 뭐라 표현하기 힘든 불편함을 줄 수 있다.

아주 드물긴 하지만, 예외가 있기는 하다. 하지만 설득력이 거의 없는 예외들이다. 브레스산※ 블루치즈는 녹색이나 검은색을 띠는 경우가 많다. 파란색을 띠는 술, 블루 퀴라소는 열대과일 주스처럼 보이는 싸구려 칵테일에나 어울린다. 파란색 엉겅퀴와 알코올을 함께 조리한 로렌 지방의 명물 요리는 소리소문도 없이 사라져버렸다. 프랑스의 오랜 자랑거리였던, 보쥬 산맥의 푸른 능선은 사람들의 기억에서 거의 사라졌다. 이 능선은 먹는 것이 아니라, 눈으로 보는 것이었는데도 말이다.

요컨대, 당신은 언제든 파란색 음식물을 찾을 수 있다. 하지만 일상적으로, 아주 맛있게 먹지는 않는다. 파란색 음식은 우리가 주로 먹는 녹색, 빨간색, 노란색, 오렌지색, 심지어 검은색이나 흰색 음식과는 차원을 달리한다. 어떤 결론을 내려야 할까? 하늘과 지구와 바다는 못 먹는 것이라는 결론? 파란색은 죽음뿐만 아니라 왕권과도 관련이 있다는 결론? 파란색이여, 너의 이름은 수수께끼!

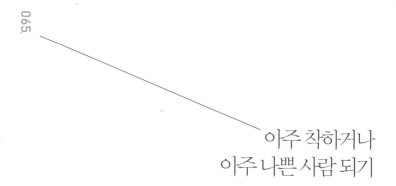

아주 착하거나
아주 나쁜 사람 되기

소요시간 **15~20분** / 도구 **없음** / 효과 **상대주의**

당신은 착한 사람인가? 악한 사람인가? 이에 대한 대답을 통해
수많은 결론을 내릴 수 있다. 사람들은 보통 이런 질문에 특별한 의
미를 부여하기 때문이다. 그러나 우리는 겉으로 보기에는 그렇게
중요한 이 질문이 사실은 하나도 중요하지 않다는 사실을 간단
한 실험 하나만으로도 쉽게 깨달을 수 있다.

어제 하루를 생각해보라. 중요한 사건들은 무엇이었고, 그 순간
들은 어떻게 이루어졌는지 다시 생각해보라. 가능한 한 시시콜콜한
세부사항들까지, 그리고 당시 그 사건에 대해 무슨 생각을 했었는
지까지 조목조목 따져보라. 이런 식의 재구성을 통해, 당신의 태도

를 다시 생각해보고 그 태도를 심판해보라. 객관적으로 심판하라는 말은 아니다. 즉 다른 사람의 중립적 시선으로 당신을 보라는 말이 아니다. 오히려 그 반대로, 일방적이고, 편파적이고 극단적으로 당신을 판단해보라.

제일 먼저, 어제 당신이 했던 사소한 행동들이 엄청나게 관대하고 아량이 넓은 행위였다고 생각하라. 당신이 혼자 품고 있던 생각들도 좋은 쪽으로만 해석해보라. 어제 하루종일, 당신이 얼마나 헌신적이고, 매사에 꼼꼼하고, 이타적이고, 동정심 많고, 사심 없고, 겸손하고, 똑똑하고, 인간적이고, 평등주의자고, 인정 많고, 예의바른 사람이었는지 생각해보라.

언뜻 봐도, 전혀 그렇게 보이지 않는다고? 이 실험의 목적은 당신의 행동과 몸짓들을 이러한 시각에서 바라보는 데 있다. 당신의 모든 행동이 이런 식으로 해석되지 않아도 괜찮다. 단지 판에 박힌 듯한 어제의 일과 속에서 당신의 거룩함을 보여주는 뚜렷한 징표들을 발견해보자는 것이다. 대충 그런 결과에 이르렀다고 생각이 들면, '어제'라는 필름을 다시 돌려보라.

이번에는 정반대의 시각으로 접근하라. 어제 당신이 했던 행동과 생각들 속에서 당신의 패륜, 해코지, 폭력성, 본능적인 사악함의 명백한 징표들을 찾으려 노력하라. 여기서도 역시 당신의 행동과 생각이 얼마나 평범하게 이루어졌는가는 하나도 중요하지 않다. 어제 당신의 모든 말과 행동 속에서 당신이 얼마나 천박하고, 치사하고, 형편없고, 악마 같고, 잔인하고, 이기적이고, 엉큼한지를 확인해줄 사실들을 찾아내라. 당신 자신을 정말 재수 없는 진상이라고 생각하라. 당신을 천사로 등극하게 해준 근거들보다는 적겠지만, 그래도 꽤 그럴듯한 이유들이 나올 것이다.

당신 주변 사람들에게도 이 실험을 적용시켜보라.

그리고 충분한 실험이 이루어진 후에는, 도덕적 판단과 양심의 심판을 한번 믿어보려고 노력해보자.

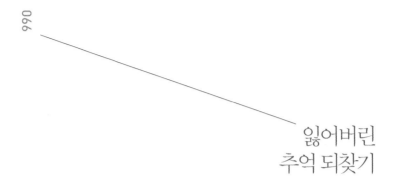

066

잃어버린
추억 되찾기

소요시간 **30분 또는 그 이상** / 도구 **추억** / 효과 **예측 불가**

    당신은 너무도 많은 것을 알고 있다! 너무나 당연하고 단순한 사실로 보이기 때문에, 제대로 깨닫지 못할 뿐이다. 가령 가방끈의 길고 짧음과는 상관없이, 당신은 모국어의 그 많은 단어들과 문법 규칙, 수학 공식, 기하학 규칙들을 알고 있다. 실화든 아니면 지어낸 이야기든, 당신이나 당신 가족들이 직접 겪은 이야기들, 역사학자들이나 역사적 증인들이 들려준 이야기들, 동화나 소설에서 따온 이야기들 등 알고 있는 이야기들도 너무 많다.

    이번 체험의 목적은 당신의 기억 속에는 당신이 생각하는 것보다 훨씬 더 많은 추억이 담겨 있다는 사실을 확인하는 것이다.

물론 이것은 당신도 이미 알고 있는 사실이다. 그래도 시도해보라. 우선 30분의 시간과 안락의자 하나를 준비하라. 두 눈을 감고, 의도적으로, 그리고 돌연히 잃어버린 추억을 찾아서 떠나보라.

이런 식의 추억 사냥은 실패가 뻔히 보인다고 생각할 수도 있다. 너무 단도직입적이고 너무 애매하니까 말이다. 하지만 절대 그렇지 않다. 실패하는 경우는 거의 없다. 누구에게나, 거의 예외 없이, 완전히 사라져버렸다고 생각했던 추억들, 가령 어떤 사건, 어떤 날, 어떤 몸짓, 어떤 장면, 누군가의 얼굴 등이 하나하나 펼쳐지기 시작할 것이다.

그렇다고 처음부터 끝까지 우연에만 맡겨서는 안 된다. 처음에는 몇 개의 큰 범주를 정해놓고 그것을 따라가라. 이를테면, 직장, 휴가, 역사적 사건 혹은 가족들이 관계된 사건 등등. 누군가의 얼굴, 어느 해, 어떤 장소, 어느 잊지 못할 사건 등을 가상의 가이드로 삼아라. 이 가이드를 따라 기억을 들추어내고, 헤집어보라. 억지로 생각하려 하지도 말고, 하나를 잡고 늘어지지도 말라. 그냥 떠오르는 대로 내버려둬라.

그러다 보면 당신이 생각지도 못한 어느 한순간, 어떤 이미지 조각과 어떤 소리, 어떤 냄새, 어떤 장면이 불쑥 떠오르게 될 것이다. 이 모든 것이 한꺼번에, 통째로 떠오를 수도 있다. 그렇지 않다면,

마음속 저 깊은 곳에 켜켜이 쌓여 있는 추억들을 하나씩 끄집어내어 차근차근 열어보아야 한다.

가끔은 집 밖으로 산책을 나가는 대신, 당신 안으로 들어가서 그 속을 이리저리 쏘다니며 여기저기 헤집어보라. 송이버섯이나 송로버섯을 따는 것처럼 겉에서는 잘 보이지 않는 추억을 발견해보는 것이다.

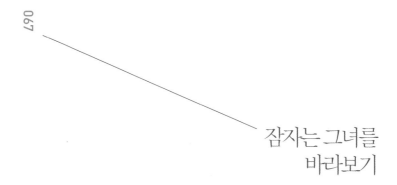

잠자는 그녀를
바라보기

소요시간 **몇 분** / 도구 **자는 사람** / 효과 **측은지심**

  당신은 그녀를 속속들이 알고 있다. 피부 결, 목소리 음색, 눈동자
의 움직임, 그녀의 거의 모든 리액션까지. 당신은 그녀의 미소와 고
갯짓에서부터 어쩌면 당신만 알고 있을 그녀의 사소한 허점까지 좋
아하지 않는 것이 없다. 당신은 그녀를 자주 보아왔다.

  하지만 그녀가 자는 모습을 바라볼 기회가 있다면, 당신은 그
녀를 생전 처음 보는 여자처럼 느끼게 될 게 분명하다. 그 얼굴 속
에 이제 그녀의 얼굴은 없다. 마치 얼굴 안이 텅 비어 있는 것 같다.
감긴 두 눈, 축 늘어진 몸, 예상치 못했던 자세, 모든 것이 순수함 그
자체다. 숨소리 역시 너무도 자연스럽다. 커다란 신뢰와 가벼운 불

214

안과 막연한 불편함이 동시에 느껴지는 이 묘한 기분은 대체 뭘까? 마치 보지 말아야 할 것을 들여다볼 때 드는 기분과 같다.

이러한 혼란스러움은 분명, 있음과 없음이 나란히 함께 존재하기 때문일 것이다. 이 잠자는 숲 속의 미녀가 당신이 사랑하는 그녀가 정말 맞는지 애매해질 수도 있다. 확신하기 어려울 것이다. 뭔가 속는 기분이 들 수도 있다. 어쨌든 이제는 당신의 깊은 사랑으로 그녀를 감싸주는 수밖에 없다.

당신의 무한한 애정만이 그녀를 기다릴 수 있고, 그런 애정만이 그녀 자신은 절대 알지 못할 이 침묵의 생명력에 다다를 수 있을 것이다.

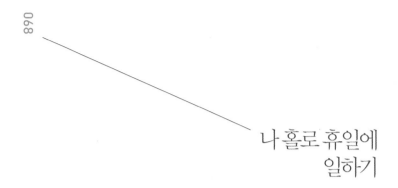

나 홀로 휴일에
일하기

소요시간 **8시간** / 도구 **휴일,일거리** / 효과 **사회화**

그게 그렇다. 습관 때문이거나 모두가 그렇게 하기 때문이다. 하
고 싶어서 하는 것은 절대 아닐 것이고, 즐겁고자 하는 것은 더더욱
아니다. 그런데 그게 습관이 되어버렸다. 당신은 그런 데 익숙하다.
공부건, 회사일이건, 집안일이건 간에, 당신은 이미 길이 들어버렸
다. 평소 같으면 아무도 일하지 않을 휴일에 일을 해야 하는 상황이
당신에게도 닥칠 수 있다. 모두가 집에서 잠을 자거나 나들이를
가거나 집 안 가구를 조립하거나 극장에 갈 때, 당신 혼자만 일을
하러 간다.

이 체험의 목적은 이런 경우에 어떤 일이 벌어지고, 어떤 것을 느

끼게 되는지 두고 보는 것이다. 처음에는 감정이 약간 동요한다. 혼자만 골탕 먹는 느낌, 막연한 귀찮음, 이런 사태가 발생한 데 대한 약간의 불만이 지나가고 나면, 당신은 이제 어수선하고 불안한 공간으로 들어선다. 평소와는 모든 게 다르다. 그런데 당신이 하는 행동은 평소와 똑같다. 당신은 늘 하던 업무를 처리한다. 하지만 분위기는 다르다. 동료들이 내는 잡음이나 웅성거림, 즉 늘 들리던 익숙한 배경음이 없다. 휴일임을 알려주는 좀 더 객관적인 상황들도 물론 있다. 울리지 않는 전화, 텅 빈 사무실, 행인이 거의 없는 한산한 거리. 하지만 이런 상황은 크게 관심을 끌 정도가 못 되고, 충분히 납득이 가는 상황이다.

그날, 다른 사람들은 일을 하지 않는다는 사실을 보여주는 실질적인 증거는 사실 아무것도 없다. 집에서 일을 하는 경우라면 더더욱 그렇다. 오늘이 휴일임을 증명해주는 것 또한 아무것도 없다. 하지만 당신은 피부로, 느낌으로, 몸으로 느낀다.

당신이 이런 변화를 느끼는 것은 단지 당신의 상상력 때문일까? 아니면, 일종의 집단의식, 사회적 감각, 즉 사람들의 웅성거림을 감지할 수 있는 특별한 감각이라는 것이 존재하는 것일까? 정말이지, 삶이란 미스터리 투성이다.

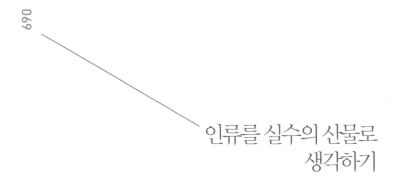

인류를 실수의 산물로
생각하기

소요시간 약 1시간 / 도구 **없음** / 효과 **활력 증진**

　인간은 아주 특별한 존재라는 말을 우리는 귀에 못이 박히도록 들
어왔다. 세상의 중심, 신의 아들, 만물의 영장, 대지의 소금, 지성,
말하는 존재, 과학적 사유, 진보의 동력 등등. 그 숱한 신화와 종교
와 철학, 그럴듯한 담론들로부터 엄청난 찬사를 받아온 인간이었기
에, 우리는 스스로의 실패와 타락, 끝없는 전쟁, 헤아릴 수조차 없는
치욕들을 망각해왔다. 이는 물론 그 모든 과거를 만회할 수 있는 온
갖 종류의 해결책들이 우리의 추락과 우리의 불행과 우리의 두 얼굴
을 변명해왔기 때문이다.

　당신은 이 체험을 통해 인간에 대한 환상에서 벗어나 좀 더 근원

적이고 유익한 깨달음을 얻을 수 있을 것이다. 먼저 당신이 인간이라는 존재에 부여하고 있는 모든 의미를 파기하라. 그리고 인간이란 하나의 우연, 실패작, 생물학적 사고의 산물일 뿐이라고 생각하라. 즉 인류는 무한히 작은 한 귀퉁이의 돌멩이 위에서 어떠한 섭리도 따르지 않고 아무렇게나 진화해왔다. 인류는 언젠가 흔적도 없이, 어느 누구의 연민 어린 관심도 받지 못한 채 지구상에서 완전히 사라질 것이다. 그날이 올 때까지 수만 년 동안 인간이라는 이 신기한 종족은 줄곧 제자리걸음만 하고 있을 것이다. 그다음에는 자기 삶의 터전을 유린하면서 끝도 없이 번식할 것이다. 또한 멸종하기 전까지 상상조차 힘든 엄청난 양의 불필요한 고통, 살육과 기아, 굴복과 핍박을 자처하게 될 것이다.

이 부조리하고 폭력적인 종족을 냉철한 의식으로 바라보라. 인류에게는 정당성이라는 것이 없고, 그들은 덧없고 무분별한 존재일 뿐이라는 사실을 직시하라. 이런 훈련은 당신의 마음에 평정을 되찾아줄 것이다. 왜냐하면 무의미와 혐오감을 기본으로 전제하면, 인간의 모든 숭고함이 내뿜는 광채는 더할 나위 없는 선물로 다가오기 때문이다. 흠잡을 데 없는 완벽한 음악, 뇌리를 떠나지 않는 그림, 대성당의 영광, 시詩 속의 눈물, 연인들의 웃음…. 인간이 저지른 실수에서 비롯된 것도 많지만, 그만큼 경이로운 것들도 수없이 많다.

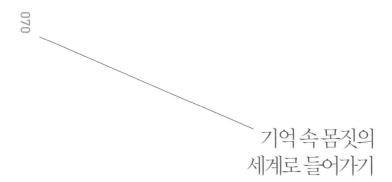

070

기억 속 몸짓의
세계로 들어가기

소요시간 **가변적** / 도구 **과거** / 효과 **이동**

이 세상에 오직 하나의 세계만 존재한다는 믿음은 한심하고도 조잡한 생각이다. 파리의 세계는 고래의 세계나 당신의 세계와는 아무런 공통점이 없다. 그런데 이 수많은 세계들이 어떤 식으로든 서로 교차한다는 것은 사실 의문의 여지가 있다. 당신이 '나의 우주'라고 생각하는 것 자체도 엄청나게 많은 수의 별, 그것도 서로 다른 별들로 이루어져 있지만, 이들이 꼭 서로 연관되어 있으란 법은 없다.

이것을 실제로 느껴보려면, 사소한 몸짓들의 세계에 들어가려고 노력해보라. 당신의 추억들 중에서 음악, 소리, 형태, 맛과 관계된 것들은 모조리 지우고 오로지 움직임, 이동, 촉각 등 조그맣고 사소한 몸짓들의 행적만을 되살려보려고 노력하라. 당신에게 각인되어 있는 것들이 분명 있을 것이다. 단지 다른 기억들 속에 묻혀 있었을 뿐이다.

나의 기억 속에 남아 있는 몸짓들을 몇 가지만 옮겨본다. 깊은 실의에 빠져 있던 어느 날 내 이마를 짚어주던 한 여인의 손, 어느 가을 날 공원에서 내 팔짱을 끼던 또 다른 여인의 잊지 못할 몸짓, 내 목덜미를 두드리시던 아버지, "잘 가"라고 말하면서 엄마가 해보이던 특이한 손짓.

당신에게도 기억 속의 이러한 몸짓들이 있을 것이다. 그것을 다시 찾아보라. 그 작은 몸짓들이 서로 화답하며 또 다른 별개의 세계를 만들어내고 있음을 확인해보라. 그 사소한 몸짓들의 네트워크는 독자적으로 존재한다. 이 몸짓들이 만들어내는 세상을 탐험해보라. 그 세상에서의 이동은 다른 일련의 기억들 속에서의 이동과는 다르다. 이따금 그 세상 속으로 잠시 들어가보는 것도 나쁘지 않다. 이 작은 몸짓들의 세계에서 당신은 정해진 하나의 여정을 따라가듯, 톱니바퀴가 맞물려 돌아가듯, 갈 길을 표시해주는 발자국을 따라가듯, 인접한 몸짓들을 따라 이리저리 이동한다. 어쨌든, 그곳에서는 웬만해선 길을 잃지 않는다.

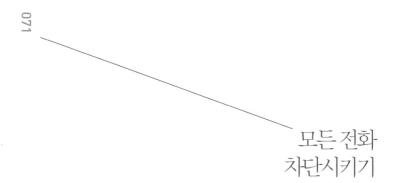

071

모든 전화
차단시키기

소요시간 **유동적** / 도구 **전화기** / 효과 **양면적**

    당신은 전화로 친구나 가족들에게 안부를 묻고, 고객을 응대하고, 동료들에게 업무를 전달하는 일을 좋아한다. 우리 모두는 거의 대부분 그러하다. 하지만 시도 때도 없이 울려대는 전화 때문에, 하던 일을 방해받고 누군가와의 대화나 나만의 사색이 무참히 짓밟힐 때면 참을 수 없이 화가 날 때도 있다.

    한번 전화를 아예 죽여버리는 경험을 해보라. 휴대전화도 끄고, 벽에 붙은 전화코드도 뽑아버려라. 전화코드를 다시 꽂을 때까지는 절대 전화가 울리지 않는다는 것을 확인하라. 그러나 너무 서둘러서 이 보장된 적막함을 특정 용도로 활용하려고는 하지 말라. 서둘러 업무를 보거나 낮잠에 빠지기 전에, 잡다한 집안일을 시작하거나 누군가의 상큼한 몸을 껴안는 대신, 이 고립의 순간이 당신에게 어떤 느낌을 불러일으키는지 잠시 음미해보라.

진정한 만족감을 느낄 수도 있다. 비로소 누구의 간섭도 받지 않는 평온함을 얻었고, 하던 일도 마저 끝낼 수 있게 되었다. 마침내 말이다. 하지만 가끔은 불안할 수도 있다. "급한 연락이 오면 어떡하지? 정말 중대한 소식이라면? 사고라도 나면 어떡하지?" 죄책감이 들지도 모른다. 당신을 애타게 찾는 사람들이 있다면 그는 메시지조차 남길 수 없는 상황에 난감해할 것이다. 사람들과의 관계에 얽매이지 않고 오로지 나만의 안락함만을 추구하는 것이 과연 정당한 일일까?

그다음 단계는 일종의 반항심이다. 즉 늘 연결되어 있는 시간에 대한 쥐꼬리만큼의 반발심이 퍼뜩 스쳐 지나가는 것이다. 전화통화는 너무도 정상적인 일상이고, 늘 통화대기 상태인 것이 불가피한 현실이다. 그러다 보니 전화기 전원을 끈다는 것은 곧 어디론가 떠나야만 한다는 강박관념, 혹은 통제를 벗어난 최초 단계, 다시 말해 순수 자유가 치러야 할 최소한의 위험으로 여겨질 수도 있다. 이와 거의 동시에 당신이 느낄 수 있는 것은 원시 상태로의 회귀, 비사회적인 행동, 고달픈 외로움 같은 것들이다. "이제 어떻게 해야 하지?" 당신은 자문한다. 전문상담센터에 전화를 걸지도 모르겠다.

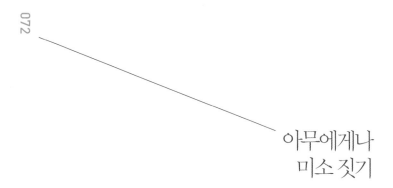

072

아무에게나
미소 짓기

소요시간 **잠깐** / 도구 **없음** / 효과 **공범의식**

길거리에서, 상점에서, 직장에서, 시장에서, 도시나 시골에서, 여
행길이나 고향에서, 당신은 항상 모르는 사람들과 수도 없이 마주
치게 된다. 특히 대도시나 유명 관광지 주민이라면, 마주치는 사람
들은 대부분 한 번도 본 적이 없거나 다시 볼 일 없는 사람들일 것이
다. 이 낯선 사람들을 무심하게 지나친다고 해서 이상할 건 하나도
없다. 입 꾹 다물고 무뚝뚝하게, 혹은 무관심하거나 냉랭하게 대하
는 것도 전적으로 당신 마음이고 당신의 기본 권리다.

그 사람들에게 한 번쯤 웃어주는 경험을 해보라. 조용하고 과하
지 않은 미소, 눈에 띄긴 하지만 조심스러운 미소. 쉽게 말해서, 따

뜻한 미소를 지어보라. 당신의 눈길이 낯선 이의 눈길과 마주칠 때, 잠깐이지만 그들과 어깨를 나란히 하고 걸어갈 때에 말이다. 늘 쉽지는 않다. 미소가 너무 노골적이면 실없는 사람처럼 보일 수도 있고, 상대방이 그 의미를 알아채지 못할 수도 있다. 반대로 너무 희미하면 아예 전달이 되지 않을 수도 있다. 상황에 따라서, 사람에 따라서, 걸어가는 속도에 따라서 적절한 미소를 건네야 한다. 그리고 그 미소는 이런 마음을 표현할 수 있어야 한다. "서로를 인정할 수 있을 정도만 되면 좋겠습니다. 내가 당신을 싫어하거나 좋아할 하등의 이유가 없으니까요. 물론 당신도 마찬가지지만요. 좋은 하루 되세요." 혹은 "너그러우신 선생님, 잠깐만요." 당신이 내키는 대로, 대충 이런 종류의 의미를 품은 미소면 된다.

이번 체험에 특별한 도덕적 가치를 부여할 필요는 없다. 그렇지만 이런 경험을 자꾸 하다 보면, 어느 순간 이런 습관이 사회를 부드럽게 만들어줄지 모른다는 생각이 들 것이다. 물론 이 미소가 위선을 조장하지 않는다는 조건에서 말이다. 아니면 이런 의문이 들 수도 있다. "사회 분위기가 부드러워진다는 것이 꼭 좋은 일일까?" "위선적인 인간이 많아진다는 것은 바람직한 일이 아니지 않은가?" 미소가 절로 지어지는 의문들이다.

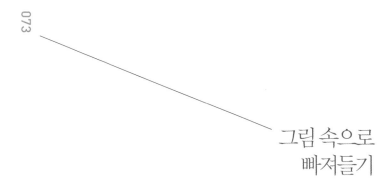

073

그림 속으로
빠져들기

소요시간 **설정 불가** / 도구 **그림 한 점** / 효과 **공간 이동**

이 세상 전체의 공간이 어떻게 구성되어 있는지는 마음만 먹으면 누구나 알 수 있다. 세계지도를 보면 된다. 특정 지역을 찾거나 거기까지의 거리를 가늠하는 일은 식은 죽 먹기쯤으로 여겨진다. 극단적인 경우들, 가령 지구에서 아득히 먼 곳이나 은하계의 수수께끼 같은 것은 논외로 하자. 당신이 생활하는 공간은 규칙적으로 배열되어 있다. 함정이나 속임수는 있을 수 없다.

하지만 당신이 어떤 그림 속으로 들어가게 되면 상황은 달라진다. 당신이 들어갈 수 있는 그림이 어떤 것인지는 아무도 모른다. 예측 불가능이다. 그러므로 이번 체험은 당신이 선택한 미술관에서 출발해야 한다. 어떤 결과가 기다리고 있는지는 당신도 모르는 상태다. 당신의 시선이 그림들을 미끄러지듯 훑기 시작한다. 흥미롭고 감동적인 그림, 뛰어난 구성에 노련한 솜씨가 돋보이는 그림들일 것이다. 이 그림들은 늘 당신과 같은 공간 속에 있다. 그리고 운이 좋을 경우, 당신은 갑자기 놀라운 경험을 할 수도 있다.

당신을 둘러싼 일상의 공간에 일종의 균열이 발생하면서 당신을 그 속으로 끌어당기는 것이다. 이 균열은 '있을 수 없는' 또 다른 차원의 공간이며, 이 세상이라는 잘 짜인 옷감에 뚫린 구멍이다. 당신이 빠질 수 있는 이런 식의 공간은 종류가 아주 다양하다. 지하 납골당을 닮은 것도 있고, 계단이나 거꾸로 선 지하실이나 나선형의 넓은 길을 닮은 것도 있다. 군데군데 시커먼 구멍이 뚫린 것도 있고, 끝없이 펼쳐진 밭고랑과 비슷한 것도 있다.

무엇보다, 주저하지 말라. 제일 처음의 유혹에 저항하지 말고 그저 끌려가도록 자신을 내버려둬라. 미끄러져 들어가도록, 빠져들어가도록 가만히 있어라. 두려워할 건 하나도 없다. 한번 그 공간에 들어가면 절대 빠져나오지 못한다. 따라서 현실 공간에 있으려고 노력하면서 동시에 그 다른 공간에도 계속 머물러보라. 이렇게 되면, 당신은 동시에 여러 개의 공간 속에 있을 수 있다. 예술이 인간에게 강렬한 인상으로 다가올 수 있는 것은 바로 이 때문이다.

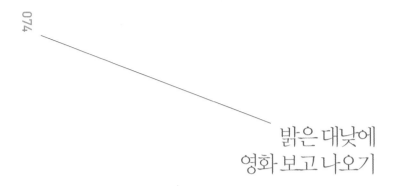

074

밝은 대낮에
영화 보고 나오기

소요시간 **약 90분** / 도구 **영화관, 한낮의 햇빛** / 효과 **어긋남**

당신은 한동안 여주인공의 여정, 숱한 액션, 상황의 반전 따위를 지켜보고 있었다. 캄캄한 어둠 속의 다른 세상에 살고 있었다. 영화가 당신의 시간 개념을 비워버리고, 그 자리에 영화 이미지만을 잔뜩 채워놓았다. 당신은 영화 때문에 시간과 그 연속성으로부터 배제되어버렸다. 영화가 끝났고, 당신은 이제 영화관의 복도나 계단을 지나 밖으로 나가는 중이다. 제일 먼저 실내의 조명 아래서 일상의 한 부분과 재회한다. 하지만 아직은 통과 과정, 과도기일 뿐이다. 드디어 극장 출입문을 연다.

밖에는 햇빛이 쨍쨍하다. 당신이 까맣게 잊고 있던 사실이다. '어떻게 이럴 수가 있지?' 당신은 의아해한다. 여기서 의아한 건 당신의 망각이 아니라 그 눈부신 햇빛이다. 바깥, 그리고 태양. 이것은 시나리오에 없었다. 어두운 밤이 더 어울릴 것 같다. 밤에 영화관에서 나올 때처럼 오가는 사람은 거의 없고, 택시는 쏜살같이 내달리고, 가게는 모두 문을 닫은 그런 풍경이었어야 했다. 그런데 그게 아니다. 너무 밝아서 눈이 아플 정도다. 인도에는 바삐 오가는 사람들로 북적인다. 내가 없는 동안 이 사람들은 도대체 뭘 하고 있었던 걸까? 일을 했을까? 아니면 달리기? 이렇게 살아 있기 위해 그들은 어떻게 했던 걸까?

그렇다. 이들은 평소 때처럼 분명 적절하고 요령 있게 행동했을 것이다. 그런데도 그들이 그렇게나 많이 살아 있다는 것은 왠지 이해가 되지 않고, 은근히 화를 돋운다. 그들과 같은 시간 속에 섞여 흘러갈 때는, 즉 그들과 함께 일하거나 버스를 탈 때는 결코 느끼지 못했던 것들이다. 그들이 살아남기 위해 그들 나름대로 행동하고 있다는 사실을 당신은 잘 알고 있다. 그런데 당신이 여주인공과 액션 장면에 빠져 있는 동안 그들이 어떻게 지금의 상황에 이르렀는지 당신은 도무지 알 수가 없다.

그들은 늘 하던 대로 해왔다. 그들의 시간은 이전의 시간과 연결되어 있고, 그들의 몸짓은 앞뒤가 서로 이어져 있다. 하지만 당신은 그렇지가 않다. 시간의 흐름이 느슨해져 있다. 이 늘어진 시간은 거대한 구멍을 만들어놓았고, 그 속에는 영화 속 스토리와 여러 가지 풍경들, 당신이 느꼈던 감동과 여러 사람의 인생들이 모두 담겨 있다. 이런 의문들은 금세 희미해져서 끝내 사라지고 말 것이다.

하지만 당신이 일상에 파묻혀버려서 이제 별로 신경을 쓰지 않게 되었기 때문에 그런 것이지, 그 의문들이 진정으로 해결된 것은 아니다.

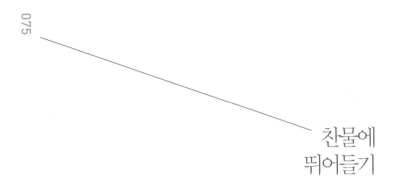

075

찬물에
뛰어들기

소요시간 **1시간20초** / 도구 **해변, 태양, 바다** / 효과 **경계의 실감**

몸 상태가 괜찮다면, 우선 뜨거운 태양 아래 꽤 오랫동안 머물러 보라. 아주 무더운 날에, 적어도 한 시간 정도 그렇게 있어라. 살이 익어버릴 것 같은 느낌, 몸속까지 뜨거워지는 것 같은 느낌이 들기 시작할 것이다. 되도록 바닷물이 차가운 장소와 시간을 택하라. 뜨거운 모래와 차가운 물의 온도 차이가 클수록 이번 체험이 성공할 가능성도 커진다.

갑자기 바다를 향해 달려가야 한다. 멈추지 마라. 몸을 쭉 펴고 훌쩍 뛰어올랐다가 이내 차가운 물속으로 잠수하라. 견딜 수 있을 때까지 숨을 멈추고 헤엄쳐라. 그때부터 몇 초간이 주목해볼 만한 시간이다. 차가움을 바로 느끼지는 못한다. 처음 영점 몇 초 동안에는 뾰족한 바늘들이 몸의 여기저기를 수없이 찔러대고, 자잘한 불똥들이 온몸을 에워싸는 듯한 느낌이 들 것이다. 냉기와 열기가 함께 쏟아지는 것 같고, 들끓음이 일시 중단되는 것 같다. 그렇게 1~2초가 흐르면, 비로소 한기가 찾아오고 그 오싹함에 귀가 멍멍해질 지경이 된다. 물속 가장 깊은 곳까지 헤엄쳐 가야 한다는 마음도 든다. 그러다 이윽고 물 위로 고개를 내밀고 공기를 한 입 가득 들이마시며 부서지는 새하얀 햇빛과 다시 만나게 된다.

이런 체험이 몸에 무리를 준다면 다른 방법을 통해 이와 유사한 감정을 느낄 수 있다. 가령, 미지근한 듯 차가운 물이 담긴 욕조에 갑자기 뛰어드는 방법이 있고, 허약체질이거나 새가슴인 사람들의 경우 얼음물이 담긴 대야에 한 쪽 발만 담그는 방법도 있다. 이 모든 방법의 흥미로운 공통점은 극단적인 것의 대비에서 비롯하는 어리둥절함과 마치 남아도는 나의 또 다른 일부 속에 들어가 있는 것 같은 느낌이다. 제자리를 이탈한 감각들, 상황에 맞지 않고, 서로 너무 동떨어져서 너무 상이한 감각들은 '나'라는 연속체 속에 편입될 수 없는 것 같다. 이러한 불균형 때문에 감각들은 동일선상에 자리할 수 없을 것만 같다. 잇달아 발생하는 너무 빠른 속도의 이 감각들은 순식간에 당신을 뒤집혀 버둥대는 거북이로 만들어버린다.

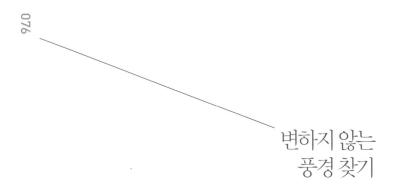

076

변하지 않는 풍경 찾기

소요시간 **무한** / 도구 **지구** / 효과 **영속감**

이것을 딱히 향수鄕愁라고 말하기는 어렵다. 일종의 애정 또는 다소 서글픈 호기심 같은 것이다. 이런 애정은 다음과 같은 의문들을 제기한다. 수만 년 전과 비슷한 풍경을 오늘날 어디에서 찾을 수 있을까? 예전과 조금도 달라지지 않은 곳이 있을까? 인간의 손길이 닿지 않은 곳이 있을까?

어떤 숲이 옛날 모습 그대로 남아 있을까? 어느 지방, 어느 시골, 어느 언덕, 어느 산이 아직도 그대로 남아 있을까? 이제 한번 찾아보도록 하라. 몇 가지 시도를 해보라. 여러 가지 추정도 해보고, 차근차근 살펴보기도 하라. 하지만 반신반의할 수밖에 없다. 농사라는 걸 짓기 시작하면서 모든 게 달라지지 않았을까, 자연의 침식작용이 모든 것을 변형시키지 않았을까 하는 의문이 든다. 그러다가도, 저기 저 풍경만큼은 석기시대의 그것과 똑같지 않을까 상상해보기도 한다. 하지만 그것도 확신할 수는 없다. 그리고 결국 당신은 낙담하고 만다.

그렇지만 해결책은 간단하다. 바다로 나가라. 더 이상 육지가 보이지 않을 때까지 들어가라. 거기서는 예전과 변한 것이 하나도 없다. 수 세기를 거치는 동안에도 끝없이 펼쳐진 바다는 늘 그 모습 그대로다. 지금 당신 눈앞에 보이는 풍경은 그 옛날 공룡들도 바라볼 수 있는 것이었다. 게다가 그런 풍경이 아직도 지구상의 3분의 2를 차지하고 있다. 다시 말해, 지구의 대부분은 아직 변하지 않은 채로 남아 있다. 많이 오염되었고, 지각변동도 있었고, 인간의 손때가 묻기는 했지만, 지구의 대부분은 사실상 옛날 그대로의 외형을 간직하고 있다. 끝없이 펼쳐진 푸르른 바다처럼 말이다.

이러한 깨달음으로부터 당신이 원하는 결론을 이끌어내라. 놀랄만한 이야깃거리라는 결론, 이론의 여지가 많은 주제라는 결론, 참으로 다행스러운 사실이라는 결론, 쓸쓸한 깨달음이라는 결론도 가능하다. 물거품은 영원히 계속된다.

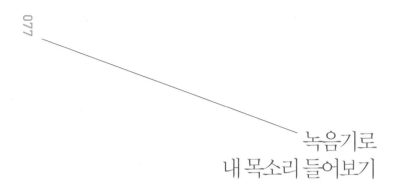

녹음기로
내 목소리 들어보기

소요시간 **몇 분** / 도구 **녹음기** / 효과 **자기 이탈**

우리는 늘 놀란다. "저게 나야?" 당신의 목소리가 너무 높거나 너무 낮게, 혹은 너무 느리거나 너무 빠르게 들리기 때문이다. 불안정하고 어색하고, 낯설고, 생각지도 못한 의외의 목소리다. 처음에 당신은 녹음기에서 흘러나오는 당신 목소리의 음색도 말투도 못 알아챈다. 그런데 그 녹음기란 놈은 딴 사람들의 목소리는 제대로, 정확하게 재생한다. 당신 목소리만 이상하다.

이 단어와 문장들을 발음한 사람이 바로 당신이라는 것을 당신은 잘 알고 있다. 당신은 서슴없이 그걸 확인한다. 하지만 옆에서 곁눈질하듯, 이상한 각도에서 확인한 것이다. 그 목소리는 당신이면서 동시에 당신이 아니다. 당신은 어떤 균열, 갑자기 생겨난 어떤 구멍 속으로 추락한다. 당신은 그 목소리가 자기 속에서 나온 것이라는 사실을 잘 안다. 그런데 지금 이 순간에는 마치 당신의 '바깥에서' 흘러들어온 것만 같은 느낌이다. 전문가들은 이런 데 익숙하다. 라디오 방송 관계자들, 녹음 기사들은 바깥에서 들리는 목소리를 자기의 진짜 목소리로 알아듣는다. 자기 목소리를 듣는 데 워낙 익숙한 사람들이라, 보통사람들이 녹음된 자기 목소리를 들을 때 느끼는 놀라움이나 거북함 따위를 알지 못한다.

옛날에는 다른 사람들의 목소리를 듣듯이 자기 목소리를 들을 수 있는 사람이 없었다. 또한 다른 사람들이 자기를 바라보듯 스스로를 볼 수 없었다. 하지만 기술의 발달은 이러한 자기 이탈을 가능케 했다. 이것이 자아의 분리는 아니다. 이러한 이탈 현상은 자기 자신에 대한 친숙함이 사실은 무지에서 비롯한 것임을 증명해준다. 기계가 철학을 일깨워준 셈이다. 기계는 우리가 어떤 외형을 선택해야 할지 자문하게 한다. 그것은 우리 내부로부터 만들어져 우리에게 주어지는 이미지일까, 아니면 녹음되어 객관적으로 보이는 외형일까? 이 질문은 우리 얼굴이나 생각, 모든 행위에도 똑같이 적용될 수 있다. 이 질문에는 답이 있을 수 없다. 이 점 역시 우리를 늘 놀라게 한다.

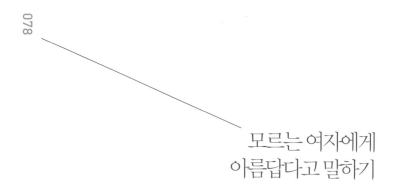

078

모르는 여자에게
아름답다고 말하기

소요시간 **1분 미만** / 도구 **없음** / 효과 **불꽃놀이**

　당신은 그 여자를 한 번도 본 적이 없다. 그저 우연히 식당에서 처음 보았을 뿐이다. 기차 안에서나 카페에서, 혹은 건널목을 건너다가도 있을 수 있는 일이다. 그녀는 눈부시게 아름답고 생기가 넘치는, 완벽한 여인이다. 그녀가 당신 시야에 그렇게 들어와 있다는 것만으로도 당신은 푸근함을 느낀다. 몇 분 후 혹은 몇 초 후면, 그녀는 당신의 눈앞에서 사라질 것이다. 그렇게 되면 다시는 만나지 못할 것이다. 하지만 그런 건 하나도 중요하지 않다. 그녀와 잠깐이나마 마주쳤다는 사실만으로도 당신은 크게 만족한다. 당신은 그녀의 존재에 대해 그녀에게 고마움을 전달하고 싶고, 아름답다고 말하고 싶고, 그녀의 아름다움 덕분에 마음이 즐거워진다고 말하고 싶다.

그런데 그럴 수가 없다. 온갖 억측과 오해가 난무할 수 있기 때문이다. 그녀는 당신이 자신을 유혹하고 있다고 생각할 게 뻔하다(하지만 당신은 사심 없이 그저 감사할 따름이다). 그녀의 뒤를 따라가기라도 한다면, 그녀는 당신을 엉큼한 바람둥이 취급하거나 따귀를 한 대 올려붙일 것이다.

이번 체험의 목적은 어떠한 불상사도 각오하고, 그저 뻔뻔스러워지는 것이다. 스타일과 진솔함이 관건이다. 밑져야 본전이다. 밑지지 않는다면, 얻을 수 있는 것은 과연 뭘까? 그건 바로 말을 하는 기쁨이다. 우리는 아름다운 풍경이나 하늘, 바윗돌, 꽃, 새 등을 바라보며 즐거움을 느끼곤 하지만, 이들에게 고맙다는 말을 할 수는 없다. 이런 자연물들은 나의 감사함이 자기들로부터 비롯한다는 사실을 전혀 알지 못한다. 하지만 그 대상이 인간일 때에는 다른 문제가 된다.

말을 건 후, 상황을 주시해보라. 대부분의 여성들은 어깨를 으쓱해 보일 것이다. 하지만 이 어깻짓은 사회적 인간관계의 악화를 보여주는 몸짓이다. 통탄할 일이다.

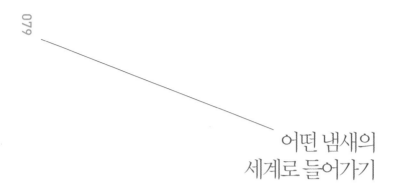

079

어떤 냄새의
세계로 들어가기

소요시간 **찰나와 무한 사이** / 도구 **없음** / 효과 **후각 발달**

　분명 무슨 냄새가 났다. 꽤 달콤한 냄새였다. 향수 냄새처럼 은근
히 퍼져 무슨 냄새인지 금방 알아채지는 못한다. 만발한 꽃향기, 봄
의 한가운데 있는 듯한 냄새, 오래전 성당에서 맡았던 냄새, 혹은 젊
은 날의 머리카락 냄새 같기도 하다. 굳이 확인하려고 들지 말라. 그
희미한 흔적만을 간직하라. 워낙 희미하기도 하고 갈수록 더 약해
지는 냄새라 할지라도 그 냄새 속으로 들어가라. 그 냄새를 부풀리
고, 키우고, 널리 퍼지게 하고, 오래 지속되게 하여, 그 냄새 속에 담
겨 있는 세계가 펼쳐지도록 하라.

　그 냄새는 실제로 존재하는 냄새인가? 아니면 당신이 상상한 냄

새인가? 그건 중요하지 않다. 당신은 코끝에 와 닿는 냄새들이 진짜 존재한다고 믿어도 된다. 그 냄새를 고스란히 모아서 그와 관련된 세상을 만들어낼 수도 있다. 단, 그 냄새가 진짜인지 가짜인지, 좋은 냄새인지 나쁜 냄새인지는 알려고 하지 말라. 어느 지방의 냄새, 어느 집의 냄새, 어떤 사람의 냄새, 어떤 상황의 냄새, 두려움의 냄새, 사랑의 냄새, 죽음의 냄새 등등 온갖 냄새들을 팔 벌려 환영하라.

그러다 보면 당신은 하찮게 여겨지던 세계, 즉 존재할 가치도 없고 관심 가질 가치도 없는 것으로 치부되던 이 냄새의 세계가 현실과 가상의 중간에 위치하고 있다는 사실을 확인할 수 있을 것이다. 이쯤 되면 현실과 상상 세계는 서로 구분이 되지 않고, 서로 자리가 뒤바뀌기도 하고, 서로 맞물리기도 한다. 냄새의 왕국은 꿈과 현실, 감각과 환상 사이를 이어주는 가교다.

여기서, 평범하지 않은 질문들이 제기된다. 전문가들도 합의하지 못해 논쟁을 벌이는 문제들이다. 가령, 물의 냄새는 온도에 따라 달라지는가? 냄새의 냄새를 맡을 수 있는가? 백단향 나무의 '본질'이 백단향 나무의 '실존'에 비견할 만한 냄새를 가지고 있는가? 이 세상도 냄새라는 것이 있을까? 아니면 없을까? 후각을 상실한 사람들은 무신론자들인가? 그들은 맹인이나 귀머거리, 벙어리들과 동일한 사회적 지위를 가져야 하는 걸까? 의문은 계속된다.

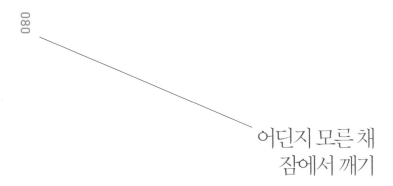

어딘지 모른 채
잠에서 깨기

소요시간 **5초** / 도구 **낯선 방** / 효과 **범세계화**

이 체험을 위해서는 몸이 무척 피곤해야 한다. 아니면 이곳저곳 바삐 돌아다녔거나 이것저것 할 일이 많았던 하루도 괜찮다. 당신은 자고 있다. 갑자기 큰 소리나 눈부신 불빛, 아니면 알람 소리가 당신을 잠에서 깨운다. 당신은 잠에서 깨어난 순간 여기가 당신 집이 아니라는 걸 알고 있다.

하지만 순간적으로 여기가 어디인지는 모르겠다. 길어봐야 5초다. 당신은 이내 정신을 차리고, 주위를 둘러보고 어느 도시, 어느 집에, 왜 있었는지 알게 된다. 이 체험의 목적은 잠에서 깨어나는 순간과 정신을 차리는 순간 사이의 시간, 즉 공중에 붕 뜬 것 같은 순간을 느껴보는 것이다.

　너무도 짧은 순간이지만, 아주 흥미진진한 순간이다. 그 순간 당신은 실제로 모든 구속으로부터의 해방을 느낀다. 마치 무중력 상태와 같다. 그렇다고 딱히 불안하다거나 정신이 나갔다고 할 수는 없고, 그저 새하얀 공간이나 투명한 빛 속에 있는 느낌이다. 책에서 본 것처럼, "내가 지금 어디 있는 거지?"라고 말할 수도 있다. 사실 당신은 이 세상이 예전 그대로이고, 당신 역시 아무 이상이 없고, 삶은 계속 진행되고 있다는 것에 대해 추호의 의심도 품지 않았다. 다만 그 짧은 순간, 당신이 있는 그곳을 뭐라고 불러야 할지, 그 장소는 또 어디에 있는 건지, 왜 당신이 거기 있는지 모를 뿐이다. 하지만 당신이 어딘가에는 분명 있고, 이제 금방 거기가 어디인지 알게 되리라는 것도 확신하고 있다.

　따라서 이 짧은 에피소드 속에는 위험성 제로의 미스터리에서 느낄 수 있는, 부담 없는 달콤함이 있다. 순간적으로 의문이 드는 것은 사실이지만, 그 의문은 곧 풀리게 되어 있기 때문이다. 어쨌거나 당신의 순간적 무지는 거짓이 아니다. 실제로 당신은 눈을 뜬 이곳이 어딘지 모른다.

　이와 동시에, 당신은 세상의 이치에 대해 더할 나위 없는 안도감을 느낀다. 즉 의심의 여지없이 당신은 분명 어딘가에 있고, 잠시 후면 그게 어디인지까지 알게 된다는 이치다. "아! 그랬었지, 그런 거지." 이렇게 말이다.

의심과 확신, 무지와 앎, 불안과 안정 사이에서 완벽하게 정지해 있는 이 희귀한 순간을 절대 놓치지 말라.

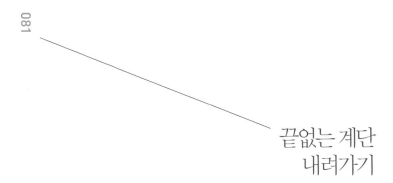

081

끝없는 계단 내려가기

소요시간 **몇 분** / 도구 **8층에서 12층까지의 계단** / 효과 **마음속으로 들어가기**

처음 2~3층을 내려갈 동안에는 리듬을 타기 시작하는 정도다. 어느 정도의 보폭이 적당한지, 두 다리를 어떻게 움직일 것인지, 어느 지점에서 호흡을 해야 할지를 되도록 빨리 결정하라. 그러고는 이제 그 방면에는 신경을 끈 채 계속 내려가라. 이제 곧 모든 것이 기계적으로 작동하게 될 것이고, 그런 기계적 상태에 도달했음을 알려주는 경미한 현기증도 느끼게 될 것이다. 멈추지 말고 계속 내려가라.

절대로 멈추지 않고 끝까지 그런 식으로 내려가겠다고 생각하라. 나선형의 움직임이 끝도 없이 이어진다. 저 밑은 끝이 보이지 않는다. 지옥으로 가는 것도 아니고, 몸이 해체되는 것도 아니고, 죽으러 가는 것도 아니다. 그저 쉬지 않고, 일정한 리듬에 따라 내려갈 뿐이다. 눈앞이 희미해진다. 그래도 멈출 수 없다.

다양한 변화를 이용해서 이 상황을 좀 더 재미있게 만들 수도 있다. 가령, 알록달록한 어떤 공간을 지나가고 있다고 상상해보라. 아니면 북극처럼 추운 층과 적도처럼 더운 층, 어두컴컴한 계단과 환한 계단, 사람들로 북적거리는 기다란 통로와 개미 한 마리도 얼씬 않는 통로, 비교적 정리가 잘된 계단 주변 지역, 그 지역 사람들, 민속 음악들, 식습관들, 벽화들을 상상해보라. 그런 상상에도 불구하고 계단을 내려가는 일이 끝도 없을 거라는 사실은 달라지지는 않는다.

그때, 계단의 정령이 추도사 두 개쯤은 써야 하지 않겠냐며 귓전에 속삭인다. 당신은 머리를 쥐어짜내 애절한 마음을 담아 추도문을 작성할 것이다. 하나는 1층이라는 것을 만들어낸 사람에게, 또 하나는 엘리베이터 시공업자에게 바치는 것이다.

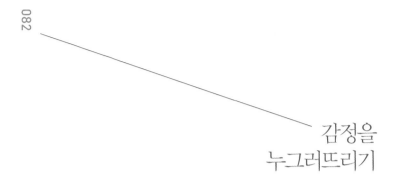

082

감정을
누그러뜨리기

소요시간 **가변적** / 도구 **없음** / 효과 **평정심**

위대한 위인들이 오랫동안 가장 이상적 가치로 여겼던 것은 그들의 감정을 초월하는 것이었다. 우리는 이 사실을 잊고 있었다. 감정이라는 지리멸렬한 잡동사니로부터 벗어나는 것, 감정 때문에 벌어지는 숱한 낭패를 당하지 않는 것, 잘못된 마음의 불꽃을 서둘러 꺼버리는 것이야말로 그들의 숭고한 사명이었다.

우리가 이러한 위인들을 잊고 살았던 것은 절대 낭만주의 때문이 아니다. 낭만주의는 인간의 감정을 위대한 모험으로 탈바꿈시켰다. 감정 속에서 인간 운명의 징조를 발견한 것이다. 낭만주의의 영향 아래, 감정은 영광의 지위를 확보하였고, 위대함의 경지에 오르기도 했다. 요컨대 감정은 부러워할 만한 대상으로 변모했다. 반면, 고대 그리스의 후예인 고전주의자들은 감정을 다스리기 위해 있는 힘을 다했다. 감정은 멀리해야 할 골칫거리였다.

고대 현자들의 이상이란 것이 무엇인지 주목해보라. 그 현자가 사람들의 존경을 받는 행복한 사람이었던 이유는 바로 감정의 지배로부터 벗어나는 법을 알았기 때문이다. 그는 감정의 굴레 밖에서 살았다. 그는 감정을 무시했고, 감정으로부터 완전히 차단된 사람 같았다. 현자란 감동을 하면 안 되는 사람이었다.

당신은 현자가 될 일이 절대 없지만, 그래도 감정을 누그러뜨리는 경험은 한번 시도해보라. 감정이란 놈이 슬금슬금 머리를 쳐들 때, 그 속에 빠져들지 말라. 그 순간의 감정을 몸의 멍이나 급성 염증 혹은 잠깐 솟아오른 혹쯤으로 생각하고 저절로 가라앉도록 만들어라. 그 감정을 객관적으로 바라보고, 불쾌하면서도 우스운 것으로 생각하려고 애써라. 감정 안으로 들어가지 마라. 만일 벌써 감정 안에 들어가버렸다면, 필사적으로 빠져나와라. 감정을 가라앉히도록 노력하라. 하지만 이런 노력 자체에 너무 집착하지는 말아라. 감정이 스스로 지나가도록 내버려둬야 한다.

물론 굉장히 어려울 때도 있다. 당신이 불안에 떨고 있을 때, 고민에 빠져 있을 때, 하늘을 날듯이 기쁠 때 이런 감정들을 완벽하게 제어하기란 거의 불가능하다. 하지만 가능성이 전혀 없는 것도 아니다. 중요한 것은, 어떤 이상理想을 추구할 것인지를 제대로 파악하는 것이다. 슬픔도 맹목적 열정도 없는 삶, 혼란도 흥분도 없는 삶처럼 움직임이 없는 삶이 이상인지, 아니면 이와 반대로 내 속에서의 감정 분열과 외적 폭발, 두려움과 기쁨, 눈물과 웃음이 교차하는 갈등의 삶이 이상인지를 직접 체험해봄으로써 당신의 삶을 예측해보라.

이도저도 아니라면, 당신 능력껏 제3의 이상을 생각해보라. 그러면 이 새로운 이상에 대해 인류는 당신에게 크나큰 감사를 표할 것이다.

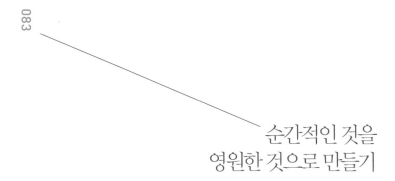

순간적인 것을
영원한 것으로 만들기

소요시간 **미리 정할 것** / 도구 **녹음 장치** / 효과 **명상**

예전에는 순간적으로 스쳐 가는 사소한 것들을 붙잡아둘 방법이
없었다. 그대로 잃어버리는 수밖에 없었다. 누군가의 어떤 손짓, 곁
눈질, 잔잔한 미소, 꺾이는 목소리, 한 줄기 빛, 이 모든 것들이 매 순
간 벌어지는 수많은 현실들, 사소한 현실들과 더불어 망각의 바닷
속으로 가라앉아버렸다. 아무런 흔적도 남기지 않은 채로 말이다.

인간은 이러한 사소한 것들을 담아둘 기계들을 여러 가지 발명해
냈다. 이 기계들은 순간을 포착하여 지극히 사소한 조각들까지 그
대로 고정시킨다. 소리와 형태도 그대로 보존해준다. 이런 기계들
이 등장한 것은 비교적 최근의 일인데, 우리는 이런 것들에 너무 빨

250

리 익숙해져버려서 이제 이들의 존재와 능력을 당연시한다.

이번 체험의 목적은 이러한 기술문명의 능력을 다시금 인식해보는 데 있다. 사실 우리는 이 능력을 항상 인식하고 있다. 애써 의식하지 않을 뿐이다. 매일같이 라디오나 CD를 듣고, 텔레비전이나 동영상을 보고, 사진을 찍고, 목소리와 음악과 이미지 따위를 녹음하고 저장하는 것이다. 이번 체험에서 중요한 것은 이들 기계가 시간의 흐름으로부터 순간의 조각들을 빼내어 영원히 고착시키는 그 특이한 방식을 생각해보는 것이다.

1902년 피아니스트 스코트 조플린이 피아노 건반을 스치듯 누를 때의 그 손짓, 1934년 여배우 루이스 브룩스가 눈썹을 찡긋하며 윙크하던 모습, 1940년 샹젤리제의 보도블록 위에 떨어져 있던 장화 한 짝, 바로 어제까지 캘커타 역에 부산스럽게 도착하던 기차…. 우리는 사진이나 영화가 찍어놓은 몸짓이나 녹음된 음악 등 헤아릴 수 없이 많은 생생한 순간포착들에 둘러싸여 살고 있다.

이제 사진 한 장을 바라보거나 음반 한 장을 들을 때에도 이런 사실을 숙고해보려고 노력하라. 만약 당신이 누군가의 삶의 한 조각을 기록하려 한다면, 그것은 시간 속에서 아주 작은 삶의 파편을 도려내는 행위임을 기억하라. 시간의 알갱이를 일종의 영원 속으로 도피시키는 저 모래시계의 역설을 한번 생각해보라. 순간순간

영원히 사라질 수도 있었던 것들이 영원한 다시보기의 대상이 되어가고 있다. 순간적이고 일회적인 것들이 영원을 향해 끊임없이 흘러가고 있는 것이다.

이 모든 것이 언제 끝날 것인지 한번 자문해보라. 그 대답이 무엇이든 그건 중요하지 않다.

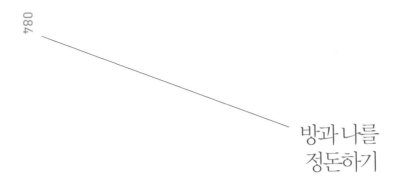

084

방과 나를
정돈하기

소요시간 **들쑥날쑥** / 도구 **여러 개의 방** / 효과 **적응력**

　장판과 벽지, 타일과 페인트, 전기 배선, 조명, 문과 창문, 커튼과 쿠션, 가구, 화분…. 공간과 색깔과 스타일을 적절히 조화시켜야 한다. 재미있는 것은, 어떻게 해야 할지 모른다는 것이다. 방이 뭘 원하는지 귀를 기울여라. 모든 장소는 저마다의 모양과 나름의 배치를 요구한다. 이런 작업의 경우 보편적이고 합리적인 지식이라는 것을 기대하기 어렵다. 특정 장소마다 각자의 영혼이 있어 자기 식대로 말을 하기 때문이다.

　당신은 당신만의 방식을 이용해, 이 말을 배워야 한다. 그래서 크기, 조명, 면적, 자재, 요철 부분 등 그 장소들만의 특징을 훤히 꿰뚫고 있어야 한다. 그러고 나서 어떤 식으로 작업할 것인지 하나하나 모색해나가야 한다.

방을 제대로 정리하는 방법은 처음 머릿속을 스치는 직관으로는 절대 알 수가 없다. 얼추 비슷한 정도는 무엇인지, 적절한 순서는 무엇인지, 여러 차례의 시행착오를 거쳐야 한다. 입을 다물 줄도 알고, 잊어버릴 줄도 알아야 한다. 방의 새로운 면도 볼 줄 알아야 하고, 방이 하는 말과 충고에 따를 줄도 알아야 한다. 이론적이고 추상적인 방식은 절대 안 통한다. 당신이 한 가지 색을 칠하면 주변의 색들이 모두 달라진다. 가구 한 점의 배치에 따라, 방 크기가 변하고, 색깔과 밝기가 달라지기도 한다. 항상 모든 것은 상응한다. 그렇기 때문에 다음 단계를 정확히 알지 못할 때라도 결코 착각을 해서는 안 된다.

따라서 이번 체험은 할 때마다 매번 다른 규칙을 따른다. 그냥 내버려두는 동시에 나서서 움직여야 한다. 작업의 주체는 분명 당신이지만, 그냥 내버려둬야 성공할 수 있다는 뜻이다. 다른 측면에서 보면, 비교적 수동적인 이 행위의 결과는 당신이 어떤 사람인가에 따라 달라질 것이다. 물론 그 장소가 무엇을 명령하고 요구하느냐는 개인에 따라 다르다. 즉 지시를 하는 것은 그 장소이지만, 그 지시에 따라 움직이는 것은 딴 사람이 아닌 바로 당신이다. 따라서 당신이 차츰 정리해나가는 대상은 단지 방뿐만이 아니라, 당신 자신이 되기도 하다.

　이번 체험이 가르쳐주는 바는, 당신이 방 꾸미기의 최종 수혜자라는 사실이다. 당신은 방 꾸미기의 고안자도 기획자도 아니고, 외형의 결정권을 가진 제3의 의도를 대변하는 자도 아니다. 당신 자체가 그 방을 구성하는 한 가지 요소가 되고, 방 또한 당신을 구성하는 한 가지 요소가 된다. "너희 집 정말 예쁜데!" 누군가 당신에게 이렇게 말한다면, 당신 귀에는 그것이 뭘 모르는 미련한 자의 아부 정도로밖에 안 들릴 것이다. 아니면 진실의 효과는 과정 그 자체라는 생각을 하게 될지도 모르겠다.

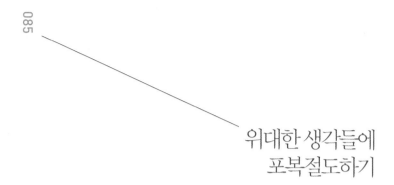

085

위대한 생각들에
포복절도하기

소요시간 **예측 불가** / 도구 **여러 가지 생각과 관념들** / 효과 **용기백배**

어떤 생각 혹은 관념들이 사람을 웃길 수 있을까? 공감하는 사람들끼리만 지을 수 있는 가벼운 미소 혹은 재미있다는 표정 정도일 거라고 생각하는가? 꼭 그렇지만은 않다. 가슴을 잔뜩 젖히고 목청껏 소리 내어 거침없이 터뜨리는 진짜 폭소. 그런 박장대소가 가능할 때도 있다. 그런 웃음은 남의 눈치를 보지 않는다. 깍듯하거나 고상한 웃음이라고 보기도 힘들다. 인간만이 그렇게 웃을 수 있는 것은 사실이지만, 이때의 웃음은 지극히 동물적이고 참기가 힘든, 한 마디로 예의가 없는 웃음이다.

어떤 사상에 대해 포복절도하는 경험을 해보고 싶다면, 철학자들을 찾아가야 할 것이다. 당신은 그들로부터 수많은 개념들, 즉 엉뚱하고 괴상하고, 흉한 꼴을 하고, 배배 꼬이고, 날조되고, 위조되고, 기형적이고, 기괴하고, 발칙하고, 황당하고, 엽기적이고, 충격적이고, 당돌하고, 웃기고, 기가 막히고, 광적인 개념들을 발견하게 될 것이다. 당신은 그 철학자들이 삐딱하게, 사선으로, 측면에서, 아슬아슬 균형을 잡으면서, 공중에서, 뒤에서, 두 눈을 감은 채, 손도 없이 생각하는 것을 보게 될 것이다. 곡예에 가까운 이런 방식들과 비법들은 군소 철학자들이나 근엄한 철학자들 또는 죽어라 노력하는 철학자들에게서는 거의 찾아볼 수 없을 것이다.

위대한 철학자, 진짜 철학자, 공인된 정통 철학자들을 찾아가야 한다. 천재들을 보면 웃음이 난다. 사실 이들이 고안해내는 것들이란, 듣도 보도 못한 개념들, 처음 대했을 때 어떻게 이해해야 할지 모르는 개념들, 명백한 이치들을 뒤흔드는 기계적 논리들 등 우리로서는 도저히 생각할 수조차 없는 생각들이기 때문이다.

처음부터 진眞, 선善, 미美에 대해 거침없이 웃어젖히기는 아마 쉽지 않을 것이다. 그렇기 때문에 처음에는 기묘하고 엉뚱한 사고에서부터 시작하라. 사람들이 잘 모르는 내용들을 찾아보면 된다. 예를 들어, 플라톤이 개에 대하여, 아리스토텔레스가 발기에 대하여, 스피노자가 간지럼에 대하여, 파스칼이 재채기에 대하여, 칸트가 콩고의 개미에 대하여 어떤 말을 했는지부터 찾아보라. 이것은 일종의 워밍업이고 너무 쉬운 게임이다. 사실 이런 게임을 한다 해도, 올바르고 정당한 진짜 의문들과 단순한 호기심은 적절히 구분해둬야 한다는 기존 상식에는 변함이 없다. 따라서 이와 반대로, 가령 플라톤의 선의 개념에 대하여, 아리스토텔레스의 신神 개념에 대하여, 스피노자의 자연 개념에 대하여, 파스칼의 아브라함 신의 개념에 대하여, 칸트의 도덕률 개념에 대하여 웃음을 터뜨리는 지경에 이르러야 할 것이다.

이러한 경지에 이르기 위해 필요한 것은 시간뿐만이 아니다. 일정량의 독서와 약간의 인내심을 갖추어야 한다. 그리고 가장 중요한 것은 중요한 것과 사소한 것, 즉 근엄한 얼굴에서 풍기는 존경스러운 진지함과 폭소를 유발하는 괴상한 어릿광대를 따로 떼어 생각하는 잘못된 습관부터 고치는 것이다. 핵심은 웃을 수 있어야 한다는 것이다. 그러므로 당신은 이제, 참으로 위대한 사상에 웃음을 터뜨리는 것은 그것을 무시하는 처사라는 생각을 버리려고 애써야 한다.

위대한 사상들을 존경하는 최상의 방법은 바로 크게 웃어주는 것이다. 이에 대해 설명하고 논평을 해보도록!

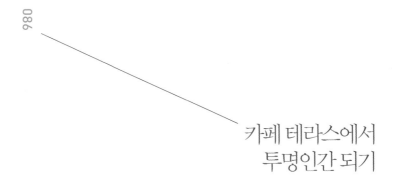

카페 테라스에서
투명인간 되기

소요시간 **30~40분** / 도구 **카페의 테라스** / 효과 **투명인간**

사람들이 많으면 더 좋다. 많이, 지나치게 많이 있는 것이 좋다. 당신은 마침내 카페 안쪽의 빈 테이블을 하나 발견한다. 먼저 주문을 하고, 종업원이 서빙을 할 때까지 기다렸다가, 바로 계산을 하겠다고 이야기하라. 그가 카페 종업원처럼 행동하든 아니든, 그건 하나도 중요하지 않다. 3초 후면 당신은 사라질 것이기 때문이다.

당신은 특별히 거북하다는 느낌은 들지 않는다. 눈에 띄게 달라진 점도 전혀 없어 보인다. 하지만 종업원이 당신에게 거스름돈을 돌려준 후, 당신은 투명인간이 되었다. 이제 아무도 당신을 볼 수 없다. 당신 주변의 사람들은 서로 이야기를 나누고 있지만, 당신에게 말을 거는 사람은 하나도 없다. 사람들의 시선은 거슬리는 것 하나 없이 당신을 그냥 쑥 통과해버린다. 당신이 앉아 있는 의자에 와서 앉는 사람은 아무도 없지만, 그건 순전히 우연이다. 자, 이제 당신은 그 자리에 없다. 스르르 녹아버려 만져지지도 않는다. 졸지에 하늘로 솟은 것이다. 당신 눈에는 여전히 당신이 존재한다. 하지만 남들에게는 느껴지지 않는 것이다.

이 위기 상황을 벗어나기 위해서는 다음과 같이 하면 된다. 존재를 드러낼 수 없는 사람들이 흔히 쓰는 수법인데, 즉 옷에다 뭔가를 엎질러 옷을 더럽히는 것이다. 하지만 이 방법을 꼭 해법이라고 할 수는 없다. 이런 방법을 사용할 수 없는 장소, 가령 지하철이나 극장 같은 데서도 당신이 사라지는 상황이 닥칠 수 있기 때문이다. 따라서 이건 백 퍼센트 확신할 수 없는 수법이다.

당신은 남들의 시선 속에 비치는 당신의 존재가 연속성을 유지하고 있다고 절대 장담할 수 없다. 다른 사람들이 당신을 쳐다보고, 당신에게 말을 걸고, 당신을 딴 사람과 혼동하지 않고 제대로 보고 있다고 확신할 수 있는 타당한 증거들이 수없이 많은 것은 사실이다. 하지만 늘 그렇다는 것을 입증해주는 것은 하나도 없다. 오히려 그 반대다. 당신이 남들의 시선과 행동 속에서 당신의 부재를 확인할 수 있는 상황은 꽤 많기 때문이다. 그럴 경우, 보통은 말문을 떼거나 질문을 하거나 해서 어떤 식으로든 자기를 드러내면 존재감 부재에 관한 모든 의혹을 해소할 수 있다. 하지만 그것 역시 늘 통하는 것은 아니다. 당신이 분명 그 자리에 있다는 확신이 전혀 안 드는 상황들도 있기 때문이다.

이러한 순간들을 염두에 둔다면, 그 상황이 당신을 불안하게 만드는지 아니면 안도하게 만드는지를 잘 파악해두는 것이 중요해진다.

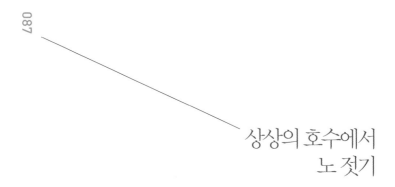

상상의 호수에서
노 젓기

소요시간 **약 1시간** / 도구 **노 혹은 쪽배** / 효과 **균형감각**

집 안의 운동기구나 호수의 쪽배 위에 앉아 노를 저어본 경험이 있을 것이다. 그런데 당신은 노 젓기가 철학적 행위라는 것을 알고 있는가? 이 사실을 확인할 수 있는 근거는 여러 가지가 있다. 프랑스어에는 "나는 거기 도착하려고 노를 엄청 저었어"라는 표현이 있다. 이것은 가시적 성과가 없는 힘겨운 노력이라는 의미로 빈번하게 사용되는 말이다. 그런데 여기에 노 젓기라는 표현이 들어간다는 사실에 주목하는 사람은 별로 없을 것이다.

반면, 실제로 우리의 주된 활동 영역이 아닌 물 위에서 기를 쓰고 이동하는 행위는 사람들의 관심을 끌 만하다. 노 젓기라는 것이, 보이지 않는 수면 아래 세계에는 접근하지 않고 눈에 보이는 수면 위만 탐색하는 것이라고 생각할 수도 있다. 하지만 이런 점들로는 노 젓기의 결정적 속성을 모두 설명할 수 없다.

철학과 노 젓기의 가장 밀접한 관련성은 두 가지로 이야기할 수 있다. 첫 번째는 이 두 가지 모두 지속적 운동이라는 점이고, 두 번째는 중간중간 끊어지는 부분들이 불가피하게 생기긴 하지만 반복적인 노력을 통해 꾸준히 이어짐으로써 일정한 규칙성을 만들어낸다는 점이다. 노를 젓는 동작은 그다음 동작과 분명히 구분된다. 즉 이 딱딱 끊어지는 단속적 동작 덕분에 배는 조금씩 앞으로 나아간다. 하지만 노 젓는 사람이 이 연속 동작을 끊지 않고 부드럽게 연결시키면 배는 심한 흔들림 없이 연속적인 규칙에 따라 나아간다.

노 젓기의 이런 특성이 바로 철학과의 유사성을 잘 보여준다. 즉 배는 노를 저을 때마다 매번 불연속적이고 다르게 나아가지만, 이러한 일보 전진들이 모이면 결국은 큰 문제 없이 일정한 항로가 만들어진다는 것이다. 이 과정에서 가장 중요한 핵심은 관성의 힘과 호흡을 제대로 활용하는 것이다.

노를 저을 때 지켜야 하는 가장 중요한 규칙은 대칭을 엄격하게 유지하는 것이다. 균형이 약간이라도 무너지거나, 오른쪽 혹은 왼쪽으로 조금이라도 쏠리면 항로는 변경될 수밖에 없고, 쪽배는 뒤

뚱대고, 등짝도 아파오고 모든 것이 엉망이 된다. 따라서 반드시 대칭을 유지해야 하고 그걸 깨뜨려서는 안 된다. 이 대칭 감각을 당신의 상상력에까지 확장시켜야 한다. 다음에 당신 방에서 운동기구로 노 젓기 동작을 할 때에는, 호수 위에 둥둥 떠 있다고 상상하고 물색깔도 바라보면서 리듬과 대칭을 엄격히 준수하라. 그리고 그다음에 진짜 호수 위에서 쪽배를 탔을 때에는, 방 안에 있다고 상상하고 주변에 놓인 가구들을 바라보면서 똑같이 리듬과 대칭을 엄격히 준수하라.

이 두 가지 노 젓기 방식이 거의 비슷해지면, 그중 하나만 해도 다른 하나가 저절로 연상될 수 있다. 이 단계에 이르면, 노 젓기와 철학이 어떤 관련성이 있을지 생각해보라. 그 관련성을 확실히 인식하지 못했다면, 섣불리 노 젓기를 멈춰서는 안 된다.

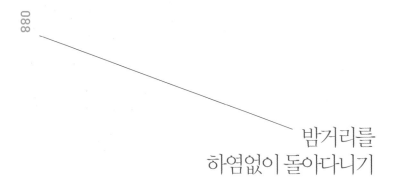

밤거리를
하염없이 돌아다니기

소요시간 **2~3시간** / 도구 **도시, 밤** / 효과 **떠돌이**

밤이란 태양이 없는 시간이라고 정의하는 사람들이 많다. 이러한 생각은 너무 단순할 뿐 아니라 잘못된 것이기도 하다. 밤은 우리가 낮에 알고 있던 세상을 또 다른 세상으로 뒤바꾼다. 밤의 규범과 행동은 낮의 그것과는 다르다. 생각도, 사람들도 다르다.

이러한 변화가 가장 명확하게 드러나는 곳이 바로 도시다. 도시에는 밤에만 활동하는 특정 부류의 사람들이 있기 때문이다. 이들은 수가 그리 많지 않아서 보기도 힘들고, 여기저기 흩어져서 산다. 밤이라는 공간은 무엇보다 그 기준과 척도가 낮과는 전혀 다른 습성을 지닌다. 밤의 공간에서는 사람들이 배회를 한다. 분명한 목적 없이 어슬렁거린다는 뜻이다. 뭐라 딱 집어 말하기는 어렵지만, 어떤 사냥감을 찾아나서는 경우를 제외하고는 그러하다. 거리는 텅 비어 있다. 걸어가면서 도시의 면면을 눈여겨볼 수 있다. 걸어가든, 차를 타고 가든, 밤은 우리에게 열린 도시를 선물해주고, 이 도시를 한없이 배회하고 싶게 한다.

차를 타든 아니면 과감하게 걸어가든, 한밤중에 오랫동안, 목적지 없이 앞만 보고 나아가는 경험을 한번 해보라. 그 상황에 꽤 익숙하다고 생각했는데도, 늘 새로운 것들이 당신을 기다리고 있을 것이다. 네온사인, 이런저런 동네, 구경거리, 취객들, 한적한 골목길, 난데없는 파티…. 당신은 특히, 시간에 따라 동네에 따라 다양한 밤이 존재한다는 사실을 경험하게 될 것이다. 그래서 이 밤이 끝나지 않았으면 좋겠다고 생각할지도 모른다. 당신에게 새벽은 일종의 패배로 다가올 것이고, 또다시 황혼을 기다리며 살게 될지도 모른다. 낮의 끝은 약속된 시간이 다가오고 있음을 예고할 것이다.

"캄캄한 어둠 속에서, 빛을 발하는 모든 것에 이끌렸던 사람들"이라는 계몽주의 철학자에 대한 정의가 진정 옳은 것인지 의심하게 될 것이다. 고대 그리스어로 영혼을 뜻하는 '프시케psuchē'의 복수형은 오늘날 '나비들papillons'이라는 뜻으로 사용된다. 당신은 이 사실이 위의 정의와 어떤 관계가 있을지 스스로 질문을 던질 것이다.

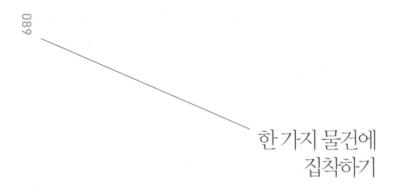

한 가지 물건에
집착하기

소요시간 **최소 몇 년** / 도구 **아무거나** / 효과 **안정감**

중요한 것은 그 물건의 아름다움이나 가격이 아니다. 지극히 평범한 물건일 수도 있다. 기껏해야 장식용이고, 어디 딱히 써먹을 데도 없다. 관심 갖는 사람도 거의 없다. 당신은 우연히 그 물건을 간직하게 되었다. 그것은 벽장 한구석에 처박혀 있었던 것도 같다. 아니면 가족 중 누군가가 당신에게 주었을 수도 있다. 당신 아이들 중 하나가, 아니면 어머니나 아버지가 주었을 수도 있고, 옛 애인이 준 것일 수도 있다. 여행지에서 산 기념품이거나 어떤 사건의 징표, 어딘가에 머물렀음을 증명해주는 물건일지도 모른다.

처음에 당신은 이 물건에 별로 신경을 쓰지 않았다. 그건 당신이 좋아하는 물건도 아니었다. 심지어 이 물건의 출처가 어디인지, 무엇에 쓰는 물건인지, 누구와 관련된 물건인지도 몰랐다.

이 하찮은 물건은 그렇게 몇 년을 살았다. 그런데 의도한 것은 아니지만 당신은 그 물건을 버리지도, 팔지도, 남에게 주지도 못하고 있다. 그것은 당신이 가는 곳마다 늘 따라다녔다. 꽤나 복잡하고 이동도 잦은 인생살이였는데 말이다.

그러던 어느 날, 이 물건에 얽힌 사연이 불현듯 생각났다. 이 물건이 누구와 어떤 일에 연루되어 있는지 당신은 알게 되었고, 앞으로는 그 사연을 잊지 않을 것이다. 없어도 그만인 물건이었는데, 늘 곁에 두다 보니 애정 비슷한 것이 생겨버린 것이다. 지금까지 그렇게 남아 있다는 사실만으로도, 당신은 이 물건에 대해 일종의 감사함을 느끼게 된다.

당신은 물신숭배자도 아니고 미신을 믿는 것도 아니지만, 그 물건만큼은 집착하고 있다. 그것이 깨지기라도 하는 날에는 화가 날 것이고, 잃어버리면 슬퍼질 것이다. 당신은 이 물건과 지속적인 애정으로 얽혀 있다. 즉 그 물건 덕분에 마음이 평온하다. 언젠가 당신이 늙은이가 되어 기력이 떨어지고 병에 걸려 죽어갈 때, 혹은 그저 만사가 끝장이라고 느껴지고 끝없는 나락으로 속절없이 추락한다고 느껴질 때 그 낡은 물건을 손에 쥔 채 위안을 받게 될지

도 모른다. 그러고는 유일하게 당신 곁에 남아 있는 그것만이 당신
을 완전한 파멸로부터 구해주리라 믿으며 거기에 더욱 매달리게 될
지도 모른다.

　당신은 아마도 부인하고 싶겠지만 절대로 안 그러리라 보장할 수
있을까?

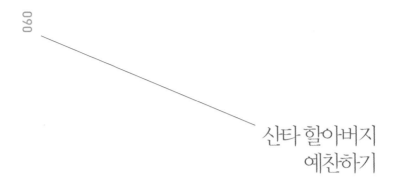

060

산타 할아버지
예찬하기

소요시간 **약 10분** / 도구 **듣는 사람** / 효과 **새로운 인생**

산타 할아버지를 더 이상 믿지 않는다는 것은 철이 들었다는 증거다. 무엇이든 곧이곧대로 믿고 황당한 이야기에 곧잘 현혹되던 시절, 즉 당신에게 아무 이야기나 들려줄 수 있었던 시절은 지나갔다는 뜻이다. 당신은 이미 오래전에 그 시절을 벗어났다. 당신은 이제 건장한 성인이다. 옛날에 비해 뭐든 잘 안 믿고, 지극히 현실적이며, 적어도 거짓말에 휘둘리지 않을 자신이 생겼다.

하지만 정말 그렇게 자신이 있는가? 그게 그렇게 간단한 문제일까? 그런 자신감이 생겨서 백 퍼센트 잘된 일이라고만 생각하는가? 좀 더 자율적이고 좀 더 합리적인 인간이 된 것은 분명하다. 반면 꿈꾸는 바는 훨씬 적어졌고, 희망사항도 훨씬 적어졌고, 기대 지평도 훨씬 좁아졌다. 산타 할아버지와 그를 둘러싼 모든 것들 덕분에 당신은 마법 세계의 작은 추억들을 간직할 수 있었다. 빨간 산타 할아버지의 푸근한 마음씨와 그의 어설픈 마술은 향긋한 수프 냄새와 요정 냄새를 풍겼다. 하늘나라와 반짝이는 금박 장식들, 편안하고 포근한 저 세상이 떠올랐다. 산타 할아버지 없이 산다는 것, 즉 당당하고 이성적으로 산다는 것은 꽤 매력적인 일임에 틀림없다. 하지만 그게 백 퍼센트 가능할 것 같지는 않다.

산타 할아버지는 언제나 다시 찾아온다. 말주변은 훨씬 좋아졌지만 예전처럼 푸근한 외모의 순진한 분위기는 많이 사라졌다. 사람들은 계속해서 꿈을 꾼다. 하지만 이번에는 과학이라는, 혹은 혁명이나 성공이라는 이름으로 꾸는 꿈이다. 즉 이제는 꿈 따위는 안 꾼다고 굳게 믿으면서 또다시 꿈을 꾸는 것이다. 차라리 산타 할아버지나 루돌프 사슴 썰매를 믿는 편이 더 나을지도 모른다.

이런 상황에서, 산타 할아버지 예찬곡을 사람들 앞에서 불러보는 경험을 해보라. 친구들이나 모르는 사람들 앞에서 말이다. 이제 사람들이 산타 할아버지를 믿지 않는 것이 유감이라고 말해보라. 산타가 정말로 있었으면 좋겠다고 말해보라. 산타의 존재를 믿게 만드는 미담들이 실제로 있기 때문에, 믿을 만한 전문가들의 도움으로 국제적인 대규모 설문 조사를 실시하자고 말해보라.

산타 할아버지가 인류의 후원자이고, 오래전부터 수천 만 명의 아이들에게 장난감과 꿈을 선물해주고 있다는 사실을 상기시켜라. 산타 할아버지의 권위는 비교적 최근의 일이며, 아직은 그의 왕권이 미약하다는 것도 강조하라. 1951년, 프랑스의 디종이라는 도시에서 가톨릭 신자들이 산타의 초상화를 불태운 적이 있는데, 그 이유는 오직 그리스도의 탄생에만 전념해야 할 크리스마스에 이 마음씨 좋은 영웅이 사람들의 마음을 현혹하기 때문이라고 한다.

애정과 확신과 열정을 다해 산타 할아버지를 예찬하라. 당신이 산타를 어떻게 생각하고 있는지는 중요하지 않다. 동원할 수 있는 모든 설득력을 발휘하라. 이번 체험의 목적은 누군가에게 영향력을 행사하는 것이 아니다. 산타 할아버지 예찬에 대한 사람들의 태도는 분명 둘로 갈라질 테고, 당신은 그걸 지켜보기만 하면 된다. 한쪽은 그저 어깨를 으쓱해 보이며 별 희한한 걸로 사람들을 선동한다고 생각한다. 물론 이런 사람들은 당신 말에 따르지 않는다. 반면 다른 한쪽에는 이 게임에 적극 동참하여 변호인단 결성을 제안하고, 자기 집 굴뚝을 청소하겠다고 약속하는 사람들도 있다. 밑져야 본전이다.

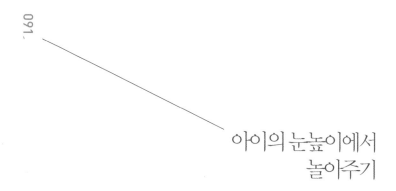

091

아이의 눈높이에서
놀아주기

소요시간 **30~40분** / 도구 **여러 가지** / 효과 **해체**

좀처럼 말이 없는 아이나 거의 한 마디도 안 하는 어린아이와 함께 있다 보면, 정말 놀라운 경험을 하게 된다. 한두 살이나 그 이상, 요컨대 세 돌 전의 애기들이 좋다. 아이가 잘 알고 쉽게 할 수 있는 놀이, 즉 아이가 자기 집에서처럼 편안하게 느끼는 놀이를 선택하여 놀게 해줘라.

당신은 그냥 아이가 하는 대로 따라가면서 함께 놀면 된다. 당신 방식이 아닌 아이의 방식대로 놀아야 한다. 지겨운 반복도, 말도 안 되는 규칙도, 마냥 기다리는 시간도, 아이가 왜 흥분하는지 이해할 수 없는 그 순간들도 모두 감수해야 한다. 이 체험의 가장 중요한 목적은, 당신의 '정상적인 – 성인 – 세계'를 일단 제쳐두고, '아이의 – 놀이 – 세계' 속으로 들어가보는 것이다.

웬만큼 노력하고, 웬만큼 집중하고, 경우에 따라 유연하게 혹은 거칠게 대처하면, 당신은 아이의 – 놀이 – 세계의 한 요소로 변해갈 것이다. 물론 완전히 동화되기는 어려울 것이다. 그건 어쩔 수 없다. 더구나 여기서는 백 퍼센트 수동적인 태도만 유지해서는 안 된다. 순간순간 당황할 수도 있지만, 이 놀이 세계의 진정한 파트너가 되어야 한다.

놀이가 끝난 후, 당신의 정상 세계로 돌아와서 아이와 함께했던 놀이의 효과들을 확인해보라. 이것이 바로 이번 체험의 핵심이다. 당신이 비교적 열심히 그 놀이에 참여했다면, 즉 자기 생각의 맥락(아이의 – 놀이 – 세계와는 양립이 불가능하다)을 멀리하려고 꽤 오래 노력했다면, 그 맥락을 단번에 회복하기는 어려울 것이다. 당신이 그런 어려움을 느끼게 되는 순간이 바로 이 체험의 가장 흥미로운 지점이다. 그 순간은 당신의 지난 자취들을 잃어버린 순간이고, 그것을 더듬더듬 찾아 헤매는 순간이기 때문이다.

아이의 – 놀이 – 세계로의 진입은 순간적이고 미완인 시간에 불과하지만, 그 시간 동안 당신의 존재는 마구 해체되어버려 다시 짜 맞추는 작업이 필요해진 것이다. 이 재구성에는 약간의 시간이 필요할 수 있다. 당신이 무엇을 해야 하는지, 당신의 관심사가 무엇인지, 당신의 즐거움이 무엇인지를 금방 알아내기가 힘들 것이다. 당신은 안으로부터 해체되었기 때문에 원상복귀하려면 어떤 식으로든 노력을 해야 한다. 하지만 그 노력이라는 것도 아무 문제없이 단숨에 이루어지는 것이 아니다.

이번 체험을 통해 당신 스스로 '정상'이라고 생각하는 당신의 정신 상태가 얼마나 허약하고 맥없이 무너질 수 있는 것인지 곰곰이 생각해보게 될 것이다.

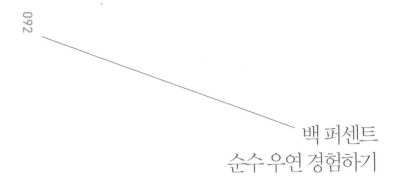

092

백 퍼센트
순수 우연 경험하기

소요시간 **2초** / 도구 **카지노 혹은 그와 비슷한 곳** / 효과 **모험심**

당신은 지금 막 판돈을 걸었다. 도박이란 순전히 우연에 달려 있다. 아무런 능력도 필요하지 않고, 어떤 식의 개입도 불가능하다. 이번 체험에서는 결과에 연연하는 태도를 가져야 한다. 판돈도 상당해야 한다. 그 돈을 딸 경우, 당신 인생이 확연히 바뀔 수도 있을 만큼의 액수여야 한다. 따라서 웬만큼 실현 가능성이 있다고 믿는다면 이 도박에 당신 인생이 달려 있다고 생각해도 좋다.

하지만 당신이 결코 개입할 수 없는 요인들이 당신의 내일을 결정하는 경우는 꽤 많다. 즉 룰렛 위의 공이 어디에서 멈추는가, 카지노의 초록색 테이블 위에 어떤 카드가 등장하는가, 혹은 슬롯머신 화면에 어떤 그림들이 줄을 서는가 하는 것들 말이다.

이런 식의 상황들이 아무 의미가 없다는 것을 실제 실험을 통해 깨달아야 한다. 돈을 따거나 잃는다는 것은 확실하다. 그중에서도 잃을 확률이 훨씬 크다. 그래도 딸 확률이 전혀 없는 것은 아니다. 잃을 확률, 딸 확률은 수치로 나타낼 수 있다. 하지만 두 경우 모두 의미가 없기는 마찬가지다. 가장 이해하기 힘든 점이 바로 이것이다.

금전적인 면에서 보면, 당신은 예전 그대로이거나 아니면 떼돈을 벌 수도 있다. 하지만 서로 다른 이 두 가지 미래는 의미도 없고 의지와도 무관한 순수 우연에 달려 있다. 딸지 잃을지는 당신의 능력이나 허물과는 아무런 상관이 없다. 당신의 미래는 전적으로 요행에 달려 있고, 아무 목적도 없는 익명의 임의성이라는 것에 고스란히 내맡겨져 있다. 1초 후 따느냐 잃느냐 하는 여부는 어떤 식으로도 정의正義라는 것과는 눈곱만큼도 관련이 없다.

당신은 어떤 의미로도 채워넣을 수 없는 이러한 공백감을 메우기 위해 온갖 설명과 변명, 희망과 추정, 이 상황을 속 시원히 해결해줄 마술 같은 아이디어를 쥐어짜보려고 애쓸 것이다. 우리의 삶이 무의미에 의해 결정된다는 사실을 잠시나마 솔직하게 받아들이기 위해서는 상당한 정신력을 갖추어야 한다. 인간이 위대한 존재라면, 언제 어디서나 그 사실을 받아들일 줄 알아야 한다.

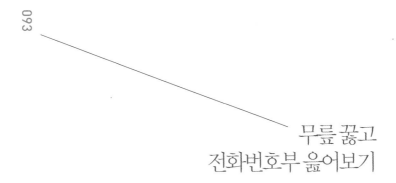

무릎 꿇고
전화번호부 읊어보기

소요시간 **정확히 15분** / 도구 **오래된 전화번호부** / 효과 **존경심**

정형화된 형식을 좋아하는 사람들은 줄곧 이 말을 반복한다. "행하라. 믿음이 찾아올 것이니." 당신도 무릎을 꿇고 그럴듯하게 읊조려보라. 정말 믿음이 따라오게 될 것이다. 진정 위와 같은 신념으로 살아가는 사람들에게는 기분 나쁜 소리일지 모르지만, 내 의견도 어느 정도 근거가 있는 것은 분명하다. 다음 체험을 통해 이를 이해할 수 있을 것이다.

며칠 동안 당신의 일과 중에서 늘 같은 시간에 15분을 따로 마련하라. 이 15분 동안, 전화번호부의 한 쪽을 큰 소리로 읽어라. 늘 같은 쪽이어야 한다. 성, 이름, 주소, 전화번호를 차례로 또박또박 발음하라. 꼭 그래야 하는 것은 아니지만, 가능하면 오래된 전화번호부를 마련하는 것이 좋다. 어떻게 보면 정말 쓸데없는 짓이면서도, 또 한편으로는 오랜 시간을 거쳐오면서 이제는 거룩한 경전이 되어버린 텍스트에 집중해보는 것이 꼭 나쁘다고는 할 수 없을 것이다.

그렇다고 이 전화번호부 읊기에 어떤 의미를 부여할 수 있는 방법 따위를 찾지는 마라. 이미 고인이 된 가입자들을 위해 전화국 귀신에게 천도제를 올리려는 생각이나, 이 천도제를 통해 이승과 저승을 넘나드는 범우주적 통신망을 구축하려는 생각은 버려라. 그건 쓸데없는 짓이다. 그냥 매일 무릎을 꿇고 전화번호부의 같은 쪽을 15분간 줄줄 읽으면 된다. 그게 전부다. 이런 것을 바로 '실천'이라고 한다. 나머지는 모두 필요없는 잔소리다.

무릎이 아플 수도 있다. 이 통증을 제외하고, 당신이 이번 체험에서 얻을 수 있는 결론은 무엇인가? 이 무의미하고 어이없는 숙제가 행사하는 극단적 구속력, 이러한 구속에서 비롯하는 묘한 매력, 왠지 모르게 인정할 수밖에 없는 이런 구속력의 강도 따위의 결론을 내릴 수 있다. 그럴듯한 결론을 억지로라도 만들어내지 않으면, 앞으로 이 경험을 계속할 가능성이 지극히 낮아지게 될 것이다.

아마 당신은 당신 행위에 대한 몇 가지 원인을 나름대로 주워섬기기 시작할 것이다. 그냥 재미로라도, 당신 행위의 목적과 효과를 납득시켜줄 하나의 신화를 만들어내는 것이다.

만일 전화번호부 읊기를 멈추지 못하겠다면, 사이비 종교를 하나 만드는 편이 더 나을 수도 있다.

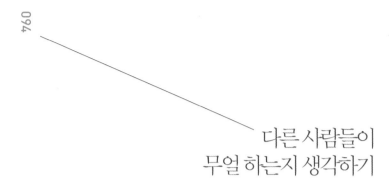

094

다른 사람들이
무얼 하는지 생각하기

소요시간 **10~15분** / 도구 **없음** / 효과 **용해**

어느 순간, 당신은 혼자다. 고독이 당신을 짓누른다. 잘잘못을 따질 수 있는 일이 아니다. 당신은 세상과 단절되어 있다고 느낀다. 물론 잘못된 생각이다.

당신이 얼마나 큰 착각을 하고 있는지 알아보기 위해서는 바로 지금 당신의 주변 사람들, 즉 가족이나 가장 절친한 친구들이 무엇을 하고 있을까 하는 생각부터 먼저 하라. 그들이 이 순간 어떤 활동을 하고 있을지 최대한 정확하게, 최대한 사실적으로 머릿속에 그려보라. 그들이 지금 어디 있는지도 상상해보라. 당신의 지금 위치에서 볼 때, 당신 앞에 있는가? 아니면 뒤에? 오른쪽? 왼쪽?

위쪽에? 아래쪽에? 당신과 얼마나 떨어져 있는지도 생각해보라. 특정한 동작을 취하고 있을 그들의 옆모습을 여러 각도에서 바라보라. 그리고 상상의 영역을 조금씩 넓혀가라. 그들 주변에 있는 사람들도 이 상상의 화면 속에 끼워넣어라.

그러고는 그 많은 동네와 시골과 도시의 어느 한 귀퉁이에서 그들이 무엇을 하고 있을지 상상해보라. 일하는 사람도 있고, 우는 사람도 있고, 할 일 없이 왔다갔다 하는 사람도 있다. 지금 이 순간, 잠을 자는 사람은 몇 명이나 될까? 이 질문을 전 세계 사람을 대상으로 확대시켜보라. 지금 이 순간, 하품을 하는 사람들은 전체의 몇 퍼센트나 될까? 몇 퍼센트가 손톱을 깎고 있을까? 몇 퍼센트가 고통에 시달리고 있을까? 몇 퍼센트가 기분 좋게 잠에서 깨어나고 있을까? 몇 퍼센트가 수프를 먹고 있을까? 몇 퍼센트가 행복한 비명을 지르고 있을까? 몇 퍼센트가 지겨움에 몸서리를 치고 있을까?

바로 지금, 피아노를 치고 있는 사람은 몇 명일까? 몇 명이 바흐를 듣고 있을까? 몇 명이 경찰을 피해 도망가고 있을까? 몇 명이 도서관에서 나오고 있을까? 몇 명이 비행기 안에 있을까? 몇 명이 손을 씻고, 양치질을 하고, 코를 풀고 있을까? 몇 명이 울고, 몇 명이 웃고 있을까? 몇 명이 청중 앞에서 연설 중일까? 몇 명이 자살기도를 하고 있을까?

바로 이 순간, 이런 질문을 던지는 사람은 몇 명이나 될까?

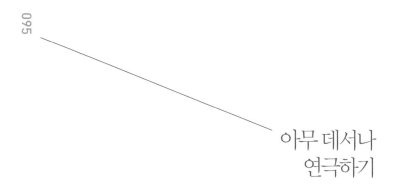

095

아무 데서나
연극하기

소요시간 **몇 시간 또는 몇 년** / 도구 **없음** / 효과 **엔도르핀 상승**

지치고 무기력하게 느껴지는 순간들은 인생이란 심각한 것이고, 세상사란 지극히 현실적이고, 유행가 가사야말로 진리라는 결론을 내리는 시간이기도 하다. 이런 불편한 생각들이 어쩔 수 없이 자꾸 드는 것이다. 다행히도, 이런 꿀꿀한 기분에 대처하는 방법은 그리 어렵지 않다. 모든 상황을 연극의 한 장면으로 바꾸기만 하면 된다.

적어도 처음에는 그렇다. 이러한 연극화는 사건들에 대한 당신의 내적 지각작용에만 영향을 미치는 것이 아니라, 당신의 목소리, 당신의 몸짓, 당신의 말, 심지어 실제 상황에도 변화를 초래할 수 있다. 예를 들어, 오늘 아침에 당신은 빵집에 가서 바게트 빵을 하나

사고, 그다음 우체국에 가서 우표를 몇 장 산다고 상상해보라. 우선, 의기양양하게 빵집 문에 들어서는 손님 역할부터 해보라. 문을 어떻게 밀고 들어올 것인가부터 신경 써라. 발랄하고 생기 넘치는 것은 좋지만, 너무 거칠어 보이지 않게 밀어야 한다. 교양 있고 품위 있게 "안녕하세요"라고 또박또박 발음하라. 갓 구운 늘씬한 바게트를 사러 온 아침 손님의 낭랑한 인사여야 한다.

빵을 주문하고, 돈을 내고, 거스름돈을 챙기고 나서는 하이톤의 목소리로 우렁차게 "감사합니다. 안녕히 계세요"라고 인사하라. 당신의 지금 행동을 계속 의식하고 머릿속으로는 어떤 제스처를 할지 생각하면서 출입문을 향해 힘찬 발걸음을 내딛어라. 마침 빵을 사러 들어오는 한 아줌마(보아하니 식빵 하나와 파이 두 개를 사러 온 게 분명하다)에게는 공범자의 의미심장한 미소까지 살짝 흘려야 한다.

그러고 나면 당신은 다음 연기까지 3분 30초의 여유가 있다. 그동안 당신은 계속 걸으면서 다음 역할, 즉 익명의 우표 구매자 연기를 구상 중이다. 생전 처음 가보는 우체국에 어리둥절한 표정으로 들어선다. 외국 생활을 너무 오래 한 탓에, 혹은 갓 병원에서 퇴원한 탓에 어떻게 우표를 사는지 몰라 쭈뼛쭈뼛해한다. 약간은 겁에 질린 것 같고, 어떻게 보면 또 거의 죄인 같다. 바게트를 엉거주춤 들

고 선 폼이 영 거추장스럽고 안 어울린다고 생각하지만, 어디 감출
데도 없고 도무지 어떻게 할 바를 몰라 쩔쩔매고 있다. 이런 식의 연
기를 해보라.

그 뒤에도 계속 이렇게 하면 된다. 그럼 모두들 행복한 하루 보
내길 바랍니다.

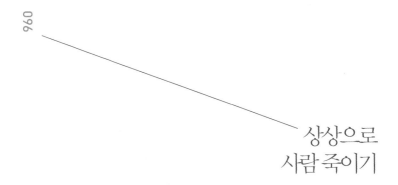

096

상상으로
사람 죽이기

소요시간 **15~20분** / 도구 **없음** / 효과 **자기만족**

도덕의 눈으로 보면, 살인 금지는 마땅히 행해져야 하는 것이다. 하지만 끊임없이 마구 저질러지고 있는 비열하고 어리석은 인간들의 악행들을 생각해보면, 살인 금지의 부작용도 상당하다고 할 수 있다. 따라서 지질한 놈이나 막돼먹은 놈, 질 나쁜 놈, 흉악범들에게 화가 치밀어 오르거든, 조금도 망설이지 말고 상상 속에서 그 놈들을 죽여버리는 경험을 해보라. 단, 분명하고도 확실한 차별성을 갖는 방법이어야 한다.

우선 시간과 장소, 살인 도구(무기, 기타 장비들) 따위를 선택하라. 그리고 어떤 옵션을 선택할 것인지 결정하라. 당신이 직접 죽일 것인지, 살인 청부를 할 것인지, 당신 눈앞에서 죽일 것인지, 죽이기 전에 고문을 할 것인지, 피를 볼 것인지 등등. 아주 세부적인 사항에서도 여러 가지 방식을 두루두루 상상해보라. 시체를 어떻게 처리할 것인지도 확실히 해두어야 한다.

상황을 좀 더 재미있고 좀 더 치밀하게 다듬어라. 이런 상상을 꺼림칙해하지 말고 맘껏 즐기고, 반복 살인도 불사하라. 상상조차 끔찍한 공포, 피가 낭자한 엽기적 공포, 사드Sade에게서나 볼 수 있는 무시무시한 가혹 행위도 마음껏 동원하라. 뿌듯한 마음으로 이런 살인을 상상할 수 있도록, 그리고 이 만족감이 오래오래 유지될 수 있도록 훈련에 훈련을 거듭하라.

당신 내면의 사악한 기질들을 일깨워 당신을 달콤한 악의 구렁텅이로 이끌지는 않을까 하는 걱정 따위는 접어둬라. 머릿속에서 이웃을 살해했다고 당신이 살인자가 되는 것은 아니며, 오히려 그 반대다. 당신이 거리낌이나 죄책감과는 전혀 무관한 이 은밀한 쾌락을 인정하면 할수록, 멀쩡히 살아 있는 그 이웃 사람의 인생과 그의 청렴결백한 인격을 그 사람의 기본권으로 정당하게 존중해줄 수 있을 것이다. 왜냐고? 상상 속에서 속 시원히 복수해주었으니까! 나쁜 놈….

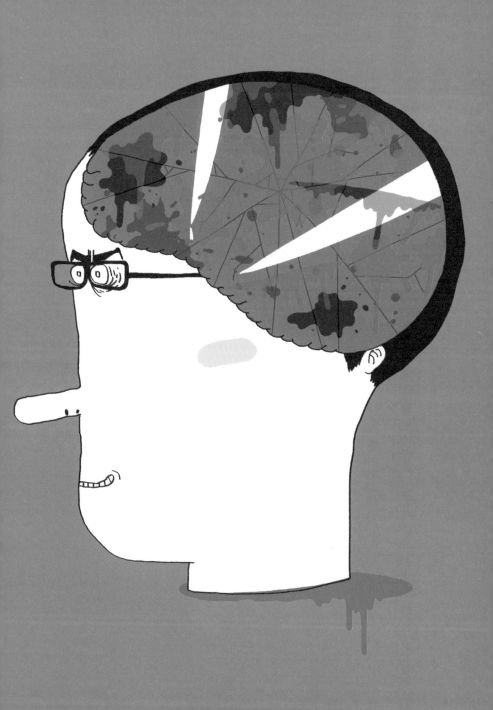

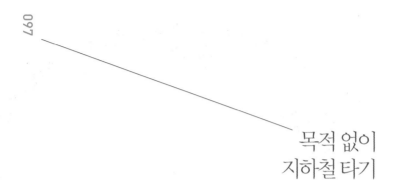

097

목적 없이
지하철 타기

소요시간 **약 1시간** / 도구 **지하철** / 효과 **존재감**

대중교통은 편-리-하-고 실-용-적-이다. 당신은 이동을 위해 대
중교통을 이용한다. 그게 전부다. 설사 대중교통 덕분에 당신이 즐
겁고(대중교통을 이용해 바캉스를 가거나, 애인을 만나러 갈 때처럼),
대중교통이 그 자체로 즐거운 것이라 할지라도(편안하고, 효율적이
라서), 대중교통의 정체성은 실용성이지 즐거움이 아니다. 즉 당신
은 이동하고, 여기저기 돌아다니려고 대중교통을 이용하는 것이지,
거기서 뭔가를 주시하거나 무슨 일이 벌어지는지를 보려고, 요컨대
뭔가를 바라보려고 대중교통을 이용하는 것이 아니다.

그렇다면 이제 색다른 시도를 해보라. 대중교통의 '탈기능화'를 감행하라. 즉 이동을 위해 지하철을 이용하는 것이 아니고 다른 목적을 위해 지하철 안에 있어보는 것이다. 세상의 제도로부터 잠시 벗어나보자는 것이다. 이를테면, 지하철에서 한 시간 동안 있어보라. 목적은? 그냥 그 안에 있기 위해서. 지하철을 타고 있어도 되고, 이 역 저 역 돌아다녀도 되고, 환승을 해도 된다. 중요한 것은 당신이 어딘가를 '향해' 간다는 것이 아니다. 이번 체험에서는 정해진 목적지나 여정을 가지고 지하철을 타서는 안 된다. 당신은 그저 한 시간 동안 '바라보기' 위해서 지하철을 탄다. 딴 이유는 없다.

이 간단한 상식 탈출 덕분에 당신은 다른 사람들에 대해서, 당신 자신에 대해서, 그리고 지하철이라는 것에 대해서까지 평소보다 훨씬 더 많은 것들을 알게 될지도 모른다. 가령 이런 질문을 던져보라. 지금 이 순간, 단지 지하철 안에 있으려는 목적으로 지하철을 탄 사람이 당신 한 명밖에 없을까? 반대로, 왔다갔다 서성거리거나 계단을 오르내리며 지하철 승객인 양 행동하는 사람들이 모두 그저 물끄러미 바라보려는 목적으로 그 지하에 와 있다고 생각해도 될까? 만약 이런 가정이 사실로 드러난다면, 대중교통의 기능이라는 것 자체는 분명 하나의 속임수에 불과하고, 탐미적이지만 소심하고 위선적인 사람들이 지어낸 알리바이에 불과하다고 할 수 있을 것이다.

이러한 가능성을 입증하거나 부인할 수 있는 확실한 방법은 하나도 없다. 따라서 관찰한 내용들을 수첩에 기록해두는 것이 좋다. 언젠가 그 수첩을 작정하고 세상에 공개할 날이 있을 것이다. 유럽이나 그 외 지역의 대도시 지하철에서 겪을 수 있는 당황스럽고 난처한 상황들을 서로 비교해보는 것도 좋겠다.

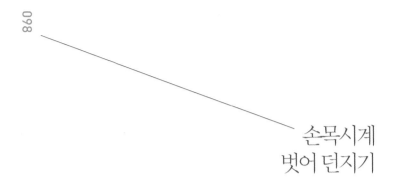

손목시계
벗어 던지기

소요시간 **측정불가** / 도구 **손목시계** / 효과 **허둥지둥**

  먼저 당신의 중독 정도를 측정해보라. 당신은 하루에 손목시계를
세 번 정도 보는가? 아니면 한 시간에 네 번? 아니면 훨씬 더 자주?
몇 번을 보는지 당신은 전혀 모르거나, 설사 안다고 생각해도 틀리
게 알고 있을 가능성이 아주 크다. 우선 객관적인 측정부터 시작하
라. 당신이 최소한 평균 15분에 한 번은 시계를 보는 사람이라면, 당
신은 이번 체험에 딱 맞는 사람이다.

  이번 체험의 목적은 시계를 벗어버린 뒤에도 최대한 '정상적으
로' 생활하는 것이다. 처음 시작은 굳이 시간을 따질 필요가 없는
비교적 짧은 시간 동안 시도하는 것이 좋다. 예를 들면, 집에 있을

때나 쉬는 날 오후가 좋다. 그다음에는 좀 더 과감한 시도를 해보라. 외출할 때나 업무상 미팅 같은 경우다. 지켜야 할 원칙은, 여행용 알람시계, 부엌의 추시계, 공공장소의 벽시계, 주차요금 미터기, 컴퓨터 모니터의 시간 표시를 절대로 보면 안 된다는 것이다. 오히려 시간을 알 수 없는 그 당황스럽고 불안한 상태를 그냥 견뎌야 한다.

당신은 왠지 모를 손목의 허전함과 당신이 어느 시점에 있는지 알 수 없다는 데서 비롯하는 남모를 현기증을 느끼게 될 것이다. 이 어지럼증은 정확하게 어디서 비롯하는 것일까? 시간이라는 지표가 주는 안정감이 없기 때문에? 정확함에서 얻을 수 있는 마음의 위안이 없어서? 당신이 느끼는 불편함은 비교적 강렬하고 지속적이다. 뭔가 흐트러지고, 둥둥 떠다니는 것 같고, 아귀가 맞질 않는다.

그 상황을 꿋꿋이 견디고 습관을 들이고 적응한다면, 당신은 또다른 형태의 시간 인지 방법을 깨닫게 될 것이다. 당신 내면에 생생하게 살아 있고 편안하며 긴장하지 않고도 얼마든지 정확할 수 있는 그런 인지 방식이다. 그렇게 되면 당신은 '지금이 몇 시일까?'라는 고민을 하지 않고도 당신 내면의 힘으로 정확한 시간을 알 수 있게 될 것이다. 그때 당신은 시계의 숫자판과 시곗바늘과 일정표라는 것이 행사하는 구속과 폭력의 다양한 양상에 대해 새삼 숙고할 수 있게 된다.

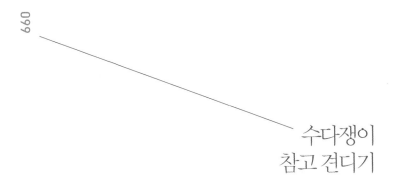

수다쟁이
참고 견디기

소요시간 **몇 분** / 도구 **대화** / 효과 **안정감**

그들은 지치지도 않고 끝도 없이 떠들어댄다. 입을 막기란 불가능하다. 문 앞이나 복도, 각종 프런트, 저녁식사 자리 등 장소를 가리지 않고, 일단 한번 붙잡으면 절대 놓아주지 않는다. 그들은 하나도 재미없는 이야기를 당신에게 하지 못해 안달이 났다.

말 많은 사람들은 인류의 대재앙 중 하나다. 그들을 피할 수 있는 방법은 없을까? 그들의 얘기를 안 듣는 방법을 배우면 된다. 그렇게 되기 위해서는 어느 정도의 훈련이 필요하다. 단번에 될 수 있는 것은 절대 아니기 때문에 요령을 터득해야 한다. 수다쟁이가 떠들어대는 동안, 당신은 가능한 한 대화를 따라가지 않으려고 노력해야 한다. 완벽하게 성공했을 경우, 당신 귀에는 정말로 더 이상 아무 소리도 안 들리게 될 것이다. 훈련을 조금만 더 하게 되면, 그들이 지금 무슨 말을 하고 있는지 도대체 알 수 없는 지경에 이르게 된다. 물론 진정한 승부는 상대가 이런 낌새를 절대 눈치채지 못하게 하는 데 달렸다. 따라서 이번 체험의 최종 목표는 당신이 사라졌다는 사실을 상대가 전혀 감지하지 못하게 하면서, 가능한 한 완벽하게 그 대화를 벗어나는 것이다.

시선을 피하면 절대 안 된다. 오히려 당신 앞에 있는 그 수다쟁이를 똑바로 쳐다보라. 최대한 재미있게 귀담아듣고 있는 시늉도 해야 한다. 이야기 첫 부분에서 대충 감 잡은 주제에 따라, 약간은 재미있는 표정도 짓고 아니면 심각한 표정이나 안타까운 표정도 지을 줄 알아야 한다. 간간이 고개도 끄덕여주어라. 중간중간 아주 짤막하게 혀를 차거나 약한 한숨도 쉬어줘라. 그렇다고 너무 자주하는 것은 좋지 않다. 자동 리스닝 기계가 되었다고 생각하라. 즉 애써 신경 쓰지 않으면서도 수다의 리듬과 장단을 따라가라는 말이다.

조금 더 익숙해지면, 이제 곧 수다가 잠시 중단되리라는 것까지 예상할 수 있게 된다. 그런 순간이 닥치면, "와, 그렇게까지?" "미쳤나봐, 정말" "정말 상상도 못할 일이네" 따위의 말로 대충 때우면 된다. 필요하다면, 특히 대화를 끝내야 할 경우(또는 화제를 바꾸지 않으면 다시 무념무상 모드로 돌입해야 할 것 같은 경우)에는, 한두 마디 정도 더 듣고 나서 질문을 하나 던지는 방법도 괜찮다.

그 이후에도 당신은 수다쟁이 방어 비법을 완성시키기 위해 꾸준히 노력해야 한다. 당신이 보여준 관심에 흥분한 그 수다쟁이와의 대면을 처음부터 끝까지 잘 견뎌낼 수 있을 그날까지 노력은 계속되어야 한다. 이타심이라는 것도 따지고 보면 별 것 아니다.

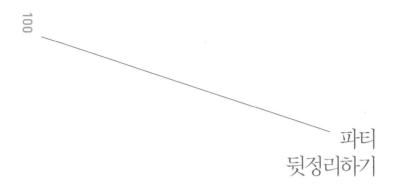

100

파티
뒷정리하기

소요시간 **1시간 혹은 2시간** / 도구 **자기 집에서 열린 파티** / 효과 **여러 가지**

마지막까지 남아 있던 손님들이 이제 막 떠났다. 모두들 즐거웠다는 표정이었다. 재미있는 순간도 있었고, 가슴 따뜻한 몸짓들도 있었고, 오랜만에 만난 사람들도 있었다. 촛불, 친구들, 몇몇끼리만 나누는 이야기, 악의 없는 뒷담화도 있었다. 음악, 노래, 즉석에서 진행된 게임들. 와인도 훌륭했고, 고기도 맛있었다. 손님들 각자 먹을 것을 가져왔고, 언제나처럼 먹을 게 넘쳐났다. 무척 즐거운 파티였다.

파티가 끝난 지금, 집 안은 빈 접시들과 반쯤 남은 술잔들, 꽁초가 수북한 재떨이로 가득하다. 쌓아둔 접시 옆에는 찻잔들이 수북하

298

다. 부엌은 난장판이고, 냉장고는 누가 털어간 것처럼 텅 비었다. 집에는 파티 기획자도, 호텔 지배인도, 도우미 아줌마도 없다. 아주 늦은 시간이고, 당신도 꽤 취해 있다. 이제 어떻게 해야 할까?

세계에 대해서, 그리고 시간과 관련된 존재들에 대해서 근본적으로 대립되는 개념을 내세우는 두 가지 설設이 있다.

그중 '즉각적인 용기'를 주장하는 사람들은 당신에게 이렇게 이야기할 것이다. 당장 그 난장판에 뛰어들어, 크림과 소스 찌꺼기 속을 종횡무진하며, 따뜻한 물로 거품을 내 설거지를 말끔히 해치우고, 가득 찬 쓰레기통을 얼른 내다 비우고, 모든 걸 제자리에 정리하라고. 단점도 물론 있다. 즉 혼자 동분서주해야 하고, 끝내고 나면 손가락 하나 까닥할 힘조차 없어진다. 장점은 아침에 일어났을 때 모든 게 말끔히 정돈되어 있다는 것이다.

반면 '행복한 게으름'을 주장하는 사람들은 이렇게 이야기할 것이다. 지금 당장 대청소할 걱정은 말고, 일단 자거나 파티의 여흥을 음미하라고. 이들은 위생에 그렇게 민감하지 않은 탓에, 파티의 흔적이 제공하는 특별한 만족감을 강조하고, 청소를 다음 날로 미룰 때 얻을 수 있는 약간의 시간 여유, 파티가 남긴 것들, 그 흔적 속에 파묻힐 수 있는 즐거움, 결코 사라지지 않을 추억, 회상의 기쁨 등을 중요시한다.

이 두 가지 주장은 절대 서로 화해할 수 없다. 양 편의 지지자들은 이미 오래전에 대화를 완전히 포기했다. 이들을 화해시키는 데 성공한 사람은 이제껏 아무도 없었다.

당신은 그럼 어느 편에 설 것인가?

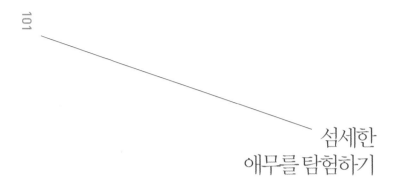

101

섬세한
애무를 탐험하기

소요시간 **무제한** / 도구 **거의 없음** / 효과 **신성함**

애무란 정신적이고 도덕적인 것이다. 왜냐하면 애무에는 자연적 요소가 없기 때문이다. 애무를 어떤 사전적 정의나 일정한 공간 속에 가둘 수도 없다. 어떤 애무는 실신 일보직전까지 간다. 그런 애무의 존재 양식은 불연속의 연장이며, 찰나의 지속이다. 그런 애무는 사라지기 직전에 끊임없이 되살아나, 허무와 함께 고동치며, 한계를 무지갯빛으로 물들인다.

그저 몸을 누르는 것은 애무가 아니다. 그것은 마사지나 자극이라고 해야 한다. 물론 이것도 존중되어야 할 행위이지만, 애무와는 엄연히 다르다. 애무는 터치하지 않으면 무효다.

이번 체험의 목적은 극도로 섬세한 애무, 그렇다고 전혀 무효하지는 않은 애무를 찾아내는 데 있다. 애무는 미세할수록 더욱 감미롭고 그윽한 법이다. 단, 살짝 스치는 듯하면서 오래 지속되는 애무, 스쳤다 잠시 정지하는 애무, 존재와 무無가 만나는 그 정확한 접점에서 이루어지는 애무여야 한다.

이 섬세한 애무의 효과는 무궁무진하다. 비록 일부에 그칠지라도 당신의 일생을 바쳐 그 효과들을 밝혀내는 것은 오로지 당신의 몫이다. 특히 애무의 부위, 즉 얼굴, 등, 배, 성기의 어느 부위들을 스쳐갔는지를 기억하며 그 각각의 결과들을 비교해보아야 할 것이다. 자기 자신에게 하는 애무, 다른 사람에게 하는 애무, 다른 사람이 당신에게 하는 애무의 차이를 느껴보고, 그 차이에 대해 제대로 숙고하는 것도 필요하다.

마지막으로 충고해줄 말은, 섬세한 애무와 말로 다할 수 없는 거룩한 법열法悅 간의 미묘한 관계들을 간과하지 말아야 한다는 것이다. 그것은 분명 유럽 역사상 수많은 대립 관계들 중 하나다.

한편에는 영광의 육체를 소유한 것으로 숭배되는 자의 계율, 즉 "나에게 손대지 마라"가 있다. 그리고 다른 한편에는 제1차 세계대전 이후 초현실주의자들의 경구, 즉 "제발 손대주시오"가 있다.

손에 잡히는 철학을
만나는 즐거움

'철학'이라는 말만큼 가깝고도 먼 용어도 드물다. 저마다의 차이는 있겠지만, 보통사람들에게 철학이란 소크라테스 같은 헐렁한 토가 차림의 고대 철학자들이나, 철학적 기여는커녕 시간적 순서도 전혀 모른 채 머릿속을 둥둥 떠다니는 무수한 철학자들의 이름이나, 고등학교 윤리시간에 한두 번 들어봤지만 제대로 된 의미는 가물가물한 개념들 등이 주는 이미지, 즉 난해함, 골치 아픔, 나와는 전혀 무관한 것, 딴 세상 사람들의 외계 언어쯤으로 요약될 수 있을 것이다.

물론 철학이 갖는 좀 더 대중적인 의미도 주변에서 많이 찾아볼 수 있다. 누군가의 '좌우명' 혹은 '개똥철학'의 철학, 좀 더 나아가

'사고방식', '세계관' 등과 거의 동격으로 사용되는 경우들이다. 한편 국어사전이 말하는 철학은 '인간과 세계에 대한 근본 원리와 삶의 본질 따위를 연구하는 학문'이다. 하지만 이런 정의 역시 손에 잡히지 않기는 마찬가지다.

요컨대 보통사람들에게 철학이란 미적분을 몰라도 사는 데 아무런 지장이 없는 것과 마찬가지로, 평생 담을 쌓고 살아도 되는 저 먼 곳 어딘가에 위치한 무엇이다. 이처럼 한 번도 본 적 없는 위대한 철학자들이나 세계적 석학들, 혹은 철학과 교수님들에게나 한정된 추상적 덩어리로서의 철학 개념은 꼭 한 번은 깨어져야 할 선입견 중의 하나다. 설사 철학에 대한 심오한 견해를 지녀야 하는 것이 아니더라도 말이다.

이러한 견고한 고정관념의 배경에는 우리의 일방적이고 설익은 철학 교육 방식의 문제점과 인문학의 대표주자임에도 당장 현찰과 교환되지 않는다는 이유로 푸대접을 받아온 서러운 과거가 자리하고 있다. 그리고 이러한 왜곡된 인식들 중 가장 대표적이고 구체적인 특성은, 바로 철학이란 '책' 속에서 '문자화'된 것들을 지성의 힘을 빌어 '학습'하고 '이해'해야 할 대상으로서 받아들여진다는 점이다. 즉 우리에게 철학으로의 접근 통로는 선택의 여지없이 단연 책이었던 것이다.

《일상에서 철학하기》역시 한 권의 책이다. 하지만 이 책은 기존의 너무나 익숙하지만 결코 익숙해지지 않았던 철학의 '이론들'을 이야기하지 않는다. 이 책은 지면과 활자를 이용하면서도 몸으로 철학을 느끼고 '감각'하게 하는, 말 그대로 철학을 '체험'하게 하는 책이다. 무엇보다 이 책은 독자가 마치 과학실험실의 초등학생이나 마술사에게 불려나간 방청객과 같은 입장이 되어 책이 지시하는 대로 몸과 마음과 정신을 조작하게 한다. 하릴없이 뒹굴면서도, 무료한 시간 배를 깔고 엎드려서도 얼마든지 펼쳐볼 수 있는 '심심풀이용' 철학 책을 지루한 일상 가운데 늘 곁에 둘 수 있다면… 당신은 어느 순간 자세를 고쳐 앉고는 낯선 호기심 속에 퐁당 빠져들지도 모른다. 또 지금까지 한 번도 의심해보지 않았던 익숙한 풍경들과 나 자신에 대해 의혹의 눈초리를 보내게 될지도 모른다. 미처 알지 못했던 세상의 이면이 서서히 그 적나라한 모습을 드러내 보이면서 때론 세상의 참신함에, 때론 그 기이한 낯섦에 다양한 경이로움을 느낄 수도 있을 것이다.

그런데 이것이 왜 철학 체험일까? 그 숱한 철학 책들 속에 자리한 용어들과 도대체 어떤 관련이 있는 걸까? 관련이 있기는 한 걸까? 그 점에 대해서는 섣불리 결론을 내리지 않아도 좋다. 이 책이 권하는 단계를 모두 체험해본 사람이라면, 누가 시키지 않아도 스스로 생각과 해석을 시도하게 될 것이다. 그렇다면 언젠가 내가 파악한 세상의 본모습, 그 속의 나, 나와 나 자신의 관계 등에 대해 비슷한 생각을 하는 누군가를 그 외계 언어 속에서 발견하게 될지도 모르는 일이다. 그렇게 되면 언어화되기 이전의 나의 체험을 철학의 언어로 정리해볼 수 있는 기회를 가지게 되는 것이다.

문자가 힘을 잃어가고, 이미지와 영상이 우리의 시선을 단 몇 초라도 잡아두기 위해 목숨 거는 시대에 1~2분 혹은 1~2시간, 심지어 평생 동안 이런 경험을 곁에 두고 실행해보라는 권유는 그야말로 안 먹히는 이야기일지도 모른다. 하지만 이런.체험을 통해 어떤 사안을 설명할 수 있고 확신을 가질 수만 있다면, 이 체험은 충분히 도전해볼 만한 가치가 있는 것 아닐까?

이 책을 통해 독자들이 세상의 비밀을 하나둘 알아가며 묘한 쾌감을 경험하게 되리라는 상상만으로도 역자는 즐겁다. 수수께끼를 풀듯 인간과 세계에 대한 근본 원리와 삶의 본질을 단 한순간이라도 엿보게 되었다면 그것이야말로 진정한 철학이기 때문이다.

일상에서 **철학하기**

2012년 9월 10일 초판 1쇄 발행
2016년 9월 19일 초판 2쇄 발행

지은이 | 로제 폴 드르와
옮긴이 | 박언주
발행인 | 이원주
책임편집 | 이연수
책임마케팅 | 이지희

발행처 (주)시공사
출판등록 1989년 5월 10일(제3-248호)

주소 | 서울 서초구 사임당로 82(우편번호 06641)
전화 | 편집 (02)2046-2850·영업 (02)2046-2846
팩스 | 편집·마케팅 (02)585-1755
홈페이지 | www.sigongsa.com

ISBN 978-89-527-6657-1 03100

* 이 책은 2003년에 출간된 《101가지 철학 체험》의 개정판으로 번역과 편집을 새로 하였습니다.